Battery Management Systems on Power Batteries:
Applied Technology and Advanced Theories

电池管理系统深度理论研究
——面向大功率电池组的应用技术

谭晓军 著

中山大学出版社
·广州·

商标注册权声明

本书中所涉及到的 ⌁、LT、LTC、LTM、Linear Technology 和 Linear 标识是凌力尔特公司（Linear Technology Corporation）的注册商标，特此声明。

版权所有　翻印必究

图书在版编目（CIP）数据

电池管理系统深度理论研究：面向大功率电池组的应用技术/谭晓军著．—广州：中山大学出版社，2014.4
ISBN 978 - 7 - 306 - 04839 - 4

Ⅰ．①电…　Ⅱ．①谭…　Ⅲ．①汽车—蓄电池组—研究　Ⅳ．①U463.63

中国版本图书馆 CIP 数据核字（2014）第 029937 号

出版人：徐　劲
策划编辑：陈文杰
责任编辑：曾一达
封面设计：陈启新
责任校对：陈文杰
责任技编：何雅涛
出版发行：中山大学出版社
电　　话：编辑部 020 - 84111996，84113349，84111997，84110779
　　　　　发行部 020 - 84111998，84111981，84111160
地　　址：广州市新港西路 135 号
邮　　编：510275　传　真：020 - 84036565
网　　址：http://www.zsup.com.cn　E-mail：zdcbs@mail.sysu.edu.cn
印　刷　者：佛山市浩文彩色印刷有限公司
规　　格：787mm×1092mm　1/16　10 印张　280 千字
版次印次：2014 年 4 月第 1 版　2017 年 3 月第 3 次印刷
定　　价：35.00 元

如发现本书因印装质量影响阅读，请与出版社发行部联系调换

前　言

动力电池管理系统属于一个跨学科的领域，涉及电子信息科学、电化学、汽车工程、能源学科等多个领域的相关知识，但从某种意义上来说，它又是一个学科盲点。参与相关研究工作的学者、工程师经常会遇到以下的困惑：从化学工业研究人员的角度看，电池管理系统应该是从事电子传感器、嵌入式计算机系统等领域的工程师解决的问题；然而，相关的电子工程师却很难在短时间内掌握动力电池的电化学机理；对汽车工程的从业人员来说，电池管理系统是与传统汽车学科相关度不高的领域。因此，在解决电池管理系统相关技术的过程中，来自高校及研究所的工作者缺少一套较为完备的理论体系，甚至有些基本概念都处于模糊状态。以上的情况在国内、国外都是基本一致的，以致于严重制约了相关行业的快速发展。

2011年下半年，笔者结合自己的研究、开发工作经验，完成了《电动汽车动力电池管理系统设计》一书，对这一领域的一些基本概念以及基本研究方法进行了总结，为该领域的研究人员与工程技术人员提供了一点参考。该书完成以后，反响强烈，作者不断接到相关的邮件与电话，对该领域的技术问题进行共同探讨。许多读者希望笔者能继续把自己工作中的一些经验进行总结。于是到了2013年，笔者结合这几年研究工作的进展，进行归纳，完成了本书。

本书的内容有以下几个原则：(1) 不与第一本书重复。凡是在第一本书中表述过的内容，本书不再重复。(2) 各章节的专题性。如果说第一本书的写作更加关注的是系统化，希望涵盖电池管理系统的每个章节的话，本书的每个章节基本上都是一个研究的专题，章与章之间可能具有较强的独立性。(3) 注意技术的先进性、细致化。第一本书完成后，不少读者在给我的来信中提到，希望书中能有更多具体的电路图、源代码。本书尽可能把最先进的电压监测电路、均衡电路的方案进行描述。

本书的主要技术工作，源于笔者在中山大学工学院电动汽车研究中心以及东莞中山大学研究院电动汽车工程中心从事的电动汽车相关科研工作。近年来，我团队的工作得到了国家、省、市各级政府的大力支持，也得到了中山大学的大力支持，作者代表整个团队在此表示真诚感谢。

另外，本书的写作得到了凌力尔特公司（Linear Technology Corp）的大力资助，该公司不仅为笔者提供了大量的实验样本与参考文献，还对本书的部分章节提出了宝贵的修改意见。在此特别表达真诚的致谢！

部分本书未及讨论的内容或笔者最新的研究成果，将陆续在个人博客 sysubms.blog.163.com 上展示，欢迎读者访问。同时，也欢迎读者通过电子邮箱 sysubms@163.com 与笔者进行交流。

作者
2014年2月于康乐园

目 录

第一章 关于本书的一些说明 ... 1
1.1 近两年相关研究领域的新动态 ... 1
1.2 本书与笔者上一本书的关系 ... 3
1.3 本书的写作思路 ... 3

第二章 基于扩展 Kalman 滤波器的剩余电量（SoC）估算 ... 5
2.1 基于扩展 Kalman 滤波器的 SoC 估算算法的要点 ... 5
2.2 基于扩展 Kalman 滤波器的 SoC 估算的误差谱 ... 8
2.3 Kalman 滤波器计算过程中计算参数的设置 ... 28
2.4 小结 ... 40

第三章 关于动力电池劣化（SoH）的研究 ... 43
3.1 动力电池劣化的定义及其评价指标 ... 43
3.2 开展动力电池劣化研究的意义 ... 52
3.3 锂离子电池劣化研究现状 ... 55
3.4 国内外电池劣化测试的相关工作 ... 64
3.5 笔者开展的电池劣化测试 ... 74

第四章 先进的动力电池管理系统硬件 ... 79
4.1 当前主流的电压监测方案 ... 79
4.2 精确的电压监测的意义 ... 83
4.3 LTC6804 的整体特色 ... 90
4.4 采用 isoSPI 的优势 ... 97
4.5 基于 LTC6804 的 BMS 系统结构 ... 101

第五章 非耗散型（ACTIVE BALANCE）的电池均衡技术 ... 109
5.1 电池不均衡的几种表现及相关讨论 ... 109
5.2 几种非耗散型电池均衡技术的回顾与分析 ... 114
5.3 基于 LTC3300 的先进的非耗散型均衡方案 ... 122
5.4 非耗散型均衡电路的测试 ... 130
5.5 非耗散型均衡电路的能耗建模与仿真分析 ... 141

第六章 展望 ... 148

参考文献 ... 150

第一章 关于本书的一些说明

距离笔者上一本书的出版,过去了整整两年的时间。在这两年里,国内外在电池技术领域、电池管理系统技术领域都有了较大的发展,笔者的研究工作也取得了一些进展。把这两年工作中的一部分心得整理出来,与同行们分享,是本书的目的。本章作为全书的总起,希望对本书的构思、写作原则、写作思路等问题进行一些说明,以帮助读者更好地使用本书。

1.1 近两年相关研究领域的新动态

在过去的两年内,国内外在大功率动力电池管理系统技术领域都有了较大的发展。笔者在此尝试对同行们近年来研发工作的新动态进行一些归纳。

1. 大功率电池组成组技术

几年前,电池管理系统理论还处于起步阶段,许多工程师缺乏经验,常常片面地将消费电子产品中的"单体电池"的管理技术或者将电动自行车中的"小电池组"管理技术平移到"大功率动力电池组"中。近两年来,越来越多的学者和工程师们关注大功率动力电池组的一些典型的问题,人们更多地将电池组作为一个整体来研究,更多地关注电池的不一致性及其产生的原因,并注意到了在大功率电池组中因为热力场分布的不均匀而增加了电池管理难度。针对"大功率动力电池组"衍生出了一系列的专业技术,例如:电池组的热力学建模与热管理技术,高压绝缘自诊断技术、预充电电路技术等。

2. 电池建模技术

之前许多人认为BMS就是电子、自动化技术,相当于在一堆电池旁边加入几块电路板,再写两个嵌入式程序。事实上,近年来人们已经认识到了要开发出更优的BMS离不开对电池特性的了解和掌握,而能对电池的行为进行建模、仿真,就是了解和掌握电池特性的一个重要标志。电池建模是制定电池管理策略的基础。从文献可见,在过去两年中,对电池模型的研究越来越得到重视。

3. 电池劣化的研究

电池劣化(也称电池老化、电池衰退等)直接与电池的健康状态(SoH)相关,也是学术界近两年的研究热点。从本领域较为重要的刊物 Journal of Power Sources 来看,研究电池劣化的文献的数量近两年都在成倍的递增。从已发表的文献来看,研究电池劣化的因素及衰减规律的占了相当高的比例;而就研究的电池材料类型来看,超过六成为磷酸铁锂电池。然而,至今没有一个非常完善的数学方法来描述电池劣化。尽管如此，人们对造成电池劣化原因的认识还是加深了不少，这对动力电池的使用、维护以及电池的优化管理等提供了有力的理论依据。

4. 电池寿命及经济性分析

严格而言，电池寿命的预测与电池劣化的研究是密不可分的。然而，与科学家们关注劣化机理、劣化模型不同，有部分同行关注电池寿命更多地是从电池使用的经济性角度出发。例如在我国电动汽车行业，近年来出现了不少使用铅酸电池的低速小轿车，价格便宜，解决了不少城乡居民的短途出行问题。然而，就此类低速轿车而言，如果将其搭载的铅酸电池全部替换为锂离子电池，则尽管购置成本有所提高，但是由于电池的整体寿命延长、使用效率高（内耗小），从长远来看可能更加经济。目前，能算清这笔经济账的研究成果还在进行中；尽管已经发表了一些赞成的或者反对的意见，也是多从自身经济利益或者主管臆断出发，尚欠缺有力的实验数据或者合理的推理分析，未能充分说明问题。

5. 精确的SoC估算算法

精确的剩余电量（SoC）估算是BMS研究、开发人员不变的追求目标。近两年来，人们逐渐意识到了锂离子电池比先前的铅酸电池的管理难度大得多，并且基本形成了共识：想得到一个静态的、放之四海而皆准的SoC算法是不大可能的。"静态"的意思是：算法不管电池的类型、型号，不管电池的劣化，不管使用环境的变化等。因此，许多"自适应"的算法被相继提出，在特定类型的电池、特定的应用场合能取得很好的估算精度。与之前某些"大而全"的"万能"SoC算法相比，这些专用的算法更加值得大家关注。与此同时，一些新器件的推出，为实现更精确的电压、温度监控提供了可能，从而有助于提高SoC估算的精度。

目前，没有一个SoC算法在任何情况下都能够做到小于1%的误差。无论何种SoC算法，在忽略了特定条件之后，都有可能产生较大的偏差。本书的第二章尝试从"误差谱"的角度出发，分析各种可能造成SoC估算误差的因素，并且分析这些因素可能造成的最大误差，从而有助于读者分析原有算法的不足。克服不足的过程，恰好是提高SoC估算精度的过程。

6. 电池均衡控制

曾经在相当长的一段时间内，人们对电池均衡存在着许多误解。例如，有人笼统地认为："均衡控制功能是多余的，越做均衡越损害电池。"这是对均衡问题认识不够深入所导致的。近年来，均衡的必要性已经越来越得到肯定，不同的均衡控制方法被提出。但是，关于均衡控制的理论研究却有所滞后，例如：关于如何评判BMS均衡控制的优劣，均衡控制方法与电池状态监测精度的关系等问题的研究，都有待加强。本书的第三章、第五章尝试在这个方面作一些理论探讨。

1.2 本书与笔者上一本书的关系

1. 笔者上一本书的写作目标

笔者于 2011 年出版了国内第一本以"电池管理系统"为主题的技术专著《电动汽车动力电池管理系统设计》。在该书中，笔者尝试搭建一个关于电池管理系统的研究体系，除了状态监测、SoC 估算等核心功能之外，还涉及到了诸如电池系统的信息管理等一些非核心功能。尽量帮助读者弄清 BMS 的基本概念，力求做到"面面俱到"是该书写作所追求的目标。

2. 本书在内容上的差异

本书是笔者前一本书的提高版，基于"贵精而不求全"的原则，在内容上做到更深入而不重复。本书选择了"SoC 估算精度"、"电池劣化（SoH）"、"精确的电压监测"、"非耗散型均衡控制"等电池管理系统（BMS）的深度技术内容，以专题的形式进行讨论，在内容上注意与前一本书的互补性，并尽量做到不重复。

3. 本书在研究对象上的扩展

在前一本书中，所探讨的基本上是用在"电动汽车"上的"磷酸铁锂"动力电池，而本书在研究对象上进行了扩展：第一，本书跳出了"电动汽车"的范畴，可适用于大功率动力电池；第二，所讨论的电池对象不限于磷酸铁锂电池，还包括其他材料（如三元材料）的锂离子电池。

1.3 本书的写作思路

笔者在本书的写作过程中，力求做到以下四个原则。

1. 专题性

本书的主体是四个章节，每个章节为一个独立的专题。如果部分读者认为某个章节太过深奥，或者不感兴趣，可以直接跳过，因为基本上每个章节都自成体系，可以作为一个整体单独阅读。

2. 互补性

除了"电池劣化（SoH）"一章以外，本书的其他主体章节在概念上都是对上一本书的补充和深化，在写作过程中，笔者尽量做到不重复。对于那些已经论述过的问题，不再重复进行说明，以免累赘。

3. 新颖性

本书涉及到的专题，包括电池劣化规律、非耗散均衡控制等，均是近年来研究的热点问题，是同行们感兴趣的。部分章节中介绍的器件、方案，也是本书出版时较为先进的代表，从而帮助部分同行搭建较为先进的 BMS 平台。

4. 实用性

本书的许多内容，都是从实践中得来的，也希望能够指导实际工作。例如，作为 BMS 的研发人员，我们常常希望对系统的 SoC 估算精度进行评判，并且找出造成估算误差的原因和预计误差的大小；又如，当前所谓的"主动均衡"方案满天飞，每个解决方案都号称自己具有先进性，如何从"效率"的角度客观地评价一个均衡方案，也是一线工程师们所关心的问题。以上的这些问题，均属于本书后面讨论的专题。

第二章　基于扩展 Kalman 滤波器的剩余电量（SoC）估算

剩余电量（SoC）的估算，一直是动力电池管理系统最基本、最重要的功能之一。基于扩展 Kalman 滤波器（EKF）的估算方法，是近年来研究的热点。在《电动汽车动力电池管理系统设计》一书中，我们曾对该方法的优势以及算法实现的要点进行了描述。读者们一般关心两个问题：第一，估算的误差与什么因素有关，每种因素可能造成的误差将会有多大？第二，如何设定 EKF 的计算参数，从而使估算更加精确。

本章将对该方法进行简要回顾的基础上，进行更深层次的探讨，包括：第一，基于 EKF 的 SoC 估算的误差谱，即对各种因素可能引起的估算误差进行定量分析；第二，EKF 的具体运算步骤中两个关键的计算参数对运算结果的影响，即设定的计算参数与实际值有差异时，对 Kalman 滤波器算法所造成的影响。

2.1　基于扩展 Kalman 滤波器的 SoC 估算算法的要点

《电动汽车动力电池管理系统设计》一书的第七章曾经详细地给出了基于扩展 Kalman 滤波器的 SoC 估算方法的步骤。为了方便读者，本节对此算法的基本要点进行简要的回顾，其中涉及到的数学知识及相关理论推导将被省略。

1. Kalman 滤波器与扩展的 Kalman 滤波器算法

一般地，Kalman 滤波器算法都是基于以下两条基本方程的：

$$x_k = f(x_{k-1}, \varphi_{k-1}, w_{k-1}) \quad (2-1)$$

$$z_k = h(x_k, v_k) \quad (2-2)$$

其中式（2-1）被称为状态方程，式（2-2）被称为量测方程。其中，$x_k \in R^n$ 是系统的状态变量（向量），$z_k \in R^m$ 是系统的观测变量（向量），系统的过程激励噪声与观测噪声分别用随机信号 w_k 和 v_k 表示，φ_k 表示系统激励。在以上两条式子中，如果函数 $f(\cdot)$ 和 $h(\cdot)$ 都是线性的，那么依据这两条式子所进行的滤波器算法就是经典的 Kalman 滤波器；反之，如果 $f(\cdot)$ 和 $h(\cdot)$ 之一为非线性，则所进行的滤波器算法就被称为扩展的 Kalman 滤波器。本书所提出的算法中，量测方程 $h(\cdot)$ 是非线性的，因此属于扩展 Kalman 滤波器的方法。

在大功率电池的工作过程中，一般以电池的工作电流 i_k 作为系统激励，即在式（2-1）中 $\varphi_k = i_k$；另外，一般以电池两端的工作电压 u_k 作为观测变量，即

$z_k = u_k$。

2. 根据磷酸铁锂电池模型确定状态方程

在《电动汽车动力电池管理系统设计》一书的第六章，我们提出了一个基于三阶阻容网络的等效电路模型，基于该模型，可以选定扩展 Kalman 滤波器的状态变量为：$x_k = [u_k^\Omega \quad u_k^s \quad u_k^m \quad u_k^l \quad SoC_k]^T$。其中，前四项都是依据等效电路模型的，分别代表等效的欧姆内阻两端的电压以及三个 RC 网络两端的电压，状态变量的最后一项是我们最为关心的电池的 SoC 值。

依据《电动汽车动力电池管理系统设计》一书第六章的电池模型，各个状态参数在电流激励的作用下，存在以下关系：

$$\begin{cases} u_k^\Omega = i_{k-1} R_\Omega \\ u_k^s = i_{k-1} \dfrac{R_s}{1+R_s C_s} + \dfrac{R_s C_s}{1+R_s C_s} u_{k-1}^s \\ u_k^m = i_{k-1} \dfrac{R_m}{1+R_m C_m} + \dfrac{R_m C_m}{1+R_m C_m} u_{k-1}^m \\ u_k^l = i_{k-1} \dfrac{R_l}{1+R_l C_l} + \dfrac{R_l C_l}{1+R_l C_l} u_{k-1}^l \\ SoC_k = SoC_{k-1} - i_{k-1} \dfrac{1}{C_{cap}} \end{cases} \quad (2-3)$$

注意，上式是在计算步长为"1 秒"的前提下，通过把电压、电流关系式离散化而得到的，其中 C_{cap} 代表电池的容量，单位为"安培·秒"，如果计算步长不是 1 秒，则需要把最后一条式子改为 $SoC_k = SoC_{k-1} - i_{k-1} \dfrac{m}{C_{cap}}$，其中 m 为计算步长。

将 (2-3) 式改写为矩阵的形式，如下

$$x_k = i_{k-1} \begin{bmatrix} R_\Omega \\ \dfrac{R_s}{1+R_s C_s} \\ \dfrac{R_m}{1+R_m C_m} \\ \dfrac{R_l}{1+R_l C_l} \\ -\dfrac{1}{C_{cap}} \end{bmatrix} + \begin{bmatrix} 0 & 0 & 0 & 0 & 0 \\ 0 & \dfrac{R_s C_s}{1+R_s C_s} & 0 & 0 & 0 \\ 0 & 0 & \dfrac{R_m C_m}{1+R_m C_m} & 0 & 0 \\ 0 & 0 & 0 & \dfrac{R_l C_l}{1+R_l C_l} & 0 \\ 0 & 0 & 0 & 0 & 1 \end{bmatrix} x_{k-1} \quad (2-4)$$

为了表达起来更加简洁，不妨令

第二章 基于扩展 Kalman 滤波器的剩余电量（SoC）估算

$$A = \begin{bmatrix} 0 & 0 & 0 & 0 & 0 \\ 0 & \dfrac{R_s C_s}{1+R_s C_s} & 0 & 0 & 0 \\ 0 & 0 & \dfrac{R_m C_m}{1+R_m C_m} & 0 & 0 \\ 0 & 0 & 0 & \dfrac{R_l C_l}{1+R_l C_l} & 0 \\ 0 & 0 & 0 & 0 & 1 \end{bmatrix},$$

$$B = \begin{bmatrix} R_\Omega & \dfrac{R_s}{1+R_s C_s} & \dfrac{R_m}{1+R_m C_m} & \dfrac{R_l}{1+R_l C_l} & -\dfrac{1}{C_{cap}} \end{bmatrix}^T,$$

则式（2-4）可以表达为

$$x_k = A x_{k-1} + B i_{k-1} \tag{2-5}$$

3. 确定量测方程

从式子（2-5）可知，状态方程是线性的，如果量测方程也是线性的，则可以用经典 Kalman 滤波器而避免使用 EKF。事实上，量测方程并非线性，在电池处于放电状态时，电池的工作电压与电池的平衡电势、三个 RC 网络两端的电压以及欧姆内阻两端的电压有关，存在以下的电路关系式

$$z_k = u_k = E_k^B - u_k^\Omega - u_k^s - u_k^m - u_k^l \tag{2-6}$$

其中，E_k^B 是电池的平衡电势（即下一节所述的 E_B，这里使用 E_k^B 来作记号纯粹是为了时间下标"k"的书写方便），它与电池的 SoC 存在非线性的函数关系，即

$$E_k^B = g(SoC_k) \tag{2-7}$$

根据模型，函数 $g(\cdot)$ 是非线性的，因此式（2-6）也是非线性的，而式（2-6）正好是反映状态变量与观测变量之间关系的观测方程。所以，用在解决变量估算问题的是扩展后的 Kalman 滤波器，而不是经典的 Kalman 滤波器。

4. 递归计算步骤

在实际应用中，基于扩展 Kalman 滤波器的状态估算是一个递归的过程。具体的计算步骤如下：

第一，根据式子（2-5）得到 k 时刻的状态变量的估算值，即

$$x_k^* = A x_{k-1} + B i_{k-1} \tag{2-8}$$

这里为状态向量打上一个"*"号，表明这是根据状态方程得到的一个估算值，相应地，得到完成了状态递推后的协方差矩阵

$$P_k^* = A_k P_{k-1} A^T + Q_{k-1} \tag{2-9}$$

第二，也就是关键的一步，求解 Kalman 增益 K_k

$$K_k = P_k^* H_k^T (H_k P_k^* H_k^T + R_k)^{-1} \tag{2-10}$$

其中，R_k 是观测噪声协方差矩阵。另外，H_k 是根据式子（2-2）的非线性关

系得到的雅可比矩阵，矩阵 H_k 中的元素满足

$$H_{k[i,j]} = \frac{\partial h_{[i]}}{\partial x_{[j]}}[x_k^*, 0] \qquad (2-11)$$

第三，根据 Kalman 增益修正状态向量的估算值及相应的协方差矩阵

$$x_k = x_k^* + K_k(z_k - H_k x_k^*) = x_k^* + K_k(u_k - H_k x_k^*) \qquad (2-12)$$

$$P_k = (I - K_k H_k) P_k^* \qquad (2-13)$$

这里，I 为单元矩阵。另外，由于采用电池两端的工作电压 u_k 作为观测变量，所以（2-12）式中的 $z_k = u_k$ 成立。

第三步执行完成以后，时间指标 k 增加 1，然后循环回到第一步，继续计算。至此，一种基于电池模型及扩展 Kalman 滤波器的评估方法的递归算法得到了实现。

2.2 基于扩展 Kalman 滤波器的 SoC 估算的误差谱

任何一个 SoC 估算算法都不免存在着估算误差，基于扩展 Kalman 滤波器的 SoC 估算方法也不例外。在估算过程中，电压、电流传感器的误差，模型本身存在的误差等，都会在不同程度上影响着算法的精度；再者，即使其他因素都相同，但电池的剩余电量处于较高或者较低的水平，对于 SoC 估算的精度也是有影响的。例如，对某个电池进行 SoC 估算，如果电压传感器的读数存在 0.05V 的偏差，那么在电池剩余 50% 电量的情况下以及电池剩余 10% 电量的情况下，用同一个算法进行 SoC 估算，可能造成的估算误差大小是不一样的。可见，对各种因素可能造成的 SoC 估算误差进行定量的分析是必要的，这就是要研究该算法的"误差谱"问题。

本节将从两个大的方向来分析该算法的误差问题：第一是分析电池模型的不准确所造成的估算误差；第二是分析由于传感器测量不准确造成的估算误差。

2.2.1 电池模型不准确造成的估算误差

由《电动汽车动力电池管理系统设计》一书的第六章可知，模型包括"等效电压源"和"等效阻抗"两部分。如下图所示。

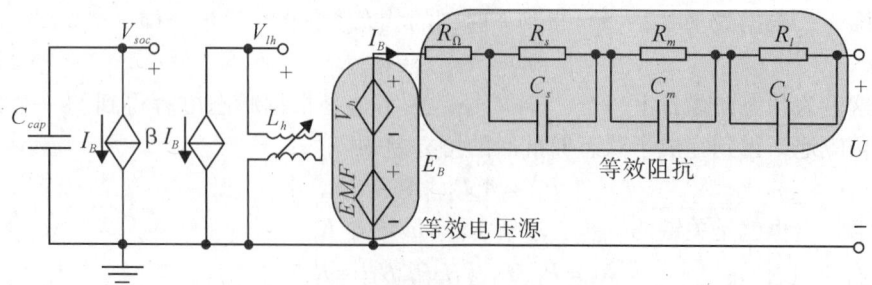

图 2-1 面向磷酸铁锂动力电池的模型

其中,"等效电压源"部分描述的是电池的平衡电势(E_B)与 SoC 之间的关系,而平衡电势(E_B)又包含电动势(EMF)以及滞回电压(V_h)两个部分,前者受控于 V_{SOC},后者受控于 V_{Lh}。"等效阻抗"部分主要是用一个三阶阻容网络来模拟磷酸铁锂电池的电压回弹特性,其中 R_Ω 主要用来描述电池的欧姆内阻,R_s、C_s、R_m、C_m、R_l、C_l 等,反映了电池的极化内阻特性。然而,这样的电池模型可能存在一定的误差。以下分为三个方面进行分析。

1. 由于忽视滞回电压所造成的 SoC 估算误差

首先有必要明确一下,在概念上动力电池的电动势(EMF)与电池的平衡电势(E_B)是有区别的。前者只与电池当前的荷电状态(SoC)以及温度有关,后者则需要考虑电池的电压滞回特性。一般而言,有

$$E_B = EMF + V_h \qquad (2-14)$$

以下对电动势(EMF)、平衡电势(E_B)、开路电压(OCV)三个概念进行辨析:

第一,电动势(EMF)是电池所携带化学能的量值,它与电池的荷电状态(SoC)以及电池所处的温度相关,与电池处于充电或者放电状态无关。

第二,平衡电势(E_B)是电池在经历了充电、放电的状态以后,所处于的一种稳态电势,它与 EMF 之间相差一个滞回电压,即 $E_B = EMF + V_h$。当电池处于充电状态时 $V_h>0$;当电池处于放电状态时 $V_h<0$;当电池处于充电与放电状态切换的过程中时,V_h 是一个不确定的值。可见,E_B 的大小取决于 EMF 和 V_h 这两个因素,间接与电池的荷电状态(SoC)、电池所处的温度相关。既然 E_B 被定义为"平衡电势",那么在电池的"充电"、"放电"状态不发生改变时,它的大小是不会改变的。即如果温度不变,电池不带负载(相当于把电池搁置,不动它),则 E_B 的数值维持不变。

第三,开路电压(OCV)是电池在不带任何负载的情况下,量度电池两极之间的电压值。由于电池是由化学材料构成的,因此,即使在不带负载的情况下,电池两端的电压并非一个稳定的值。下图为在室温条件下,以 0.5C 放电倍率对电池放电后,断开负载,静置一段时间的开路电压曲线。从图中可见,虽然电池不带负载,但是电池两端的开路电压在一个多小时内仍然不断在变化(回弹)。从图中也可以看出,在静置一段时间之后,电池的开路电压将会回弹至电池的平衡电势(E_B)。因此,可以这样理解:在温度一定的情况下,如果电池不带负载,则电池的开路电压收敛于电池的平衡电势(E_B)。

下面,为了表述方便,我们把充电时电池所处的平衡电势记为 E_{charge},在放电时,把电池所处的平衡电势记为 $E_{\text{discharge}}$,即:

$$E_B = \begin{cases} E_{\text{charge}}, & \text{当电池处于充电过程中;} \\ E_{\text{discharge}}, & \text{当电池处于放电过程中.} \end{cases}$$

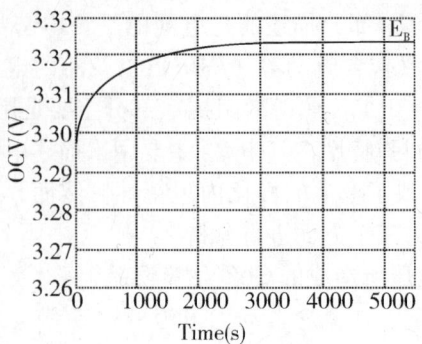

图2-2 某电池在室温条件下,以0.5C放电后的电压回弹曲线

一般磷酸铁锂动力电池的充电平衡电势 E_{charge} 会略高于 EMF,而放电平衡电势 $E_{discharge}$ 会略低于 EMF,这就是磷酸铁锂动力电池的滞回电压特性,如下图所示。

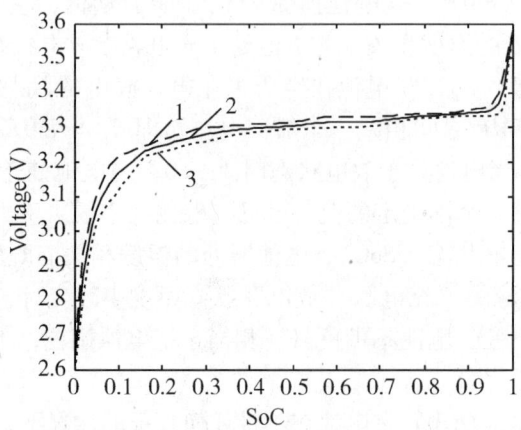

图2-3 磷酸铁锂电池的滞回电压曲线

说明:图中1-充电平衡电势 E_{charge} 曲线,2-电池电动势 EMF 曲线,3-放电平衡电势 $E_{discharge}$ 曲线

在利用电池模型进行 SoC 估算的过程中,如果忽视滞回电压(V_h)的存在,认为 $EMF = E_{charge} = E_{discharge}$,则会引起较大的估算误差。下图是一个误差谱,描述了在充、放电过程中,在不同的实际荷电状态下,如果忽视了滞回电压,将会引起的 SoC 估算误差。

表2-1 对充、放电过程中忽视滞回电压引起的 SoC 估算误差进行了统计。从表中可见,如果忽视了滞回电压,在充放电过程中造成的 SoC 估算误差的标准差大于5%,而最大的偏差有可能接近20%。

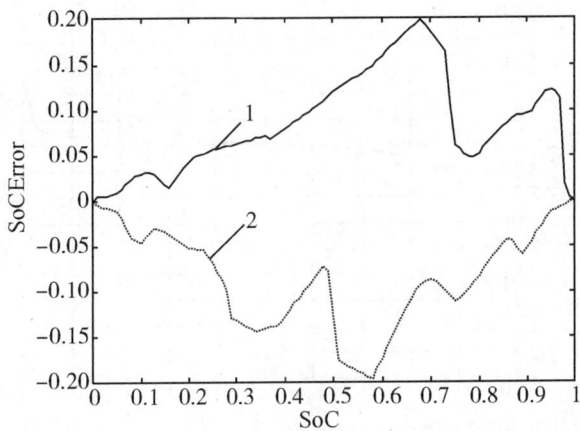

图 2-4 在充、放电过程中忽视滞回电压引起的 SoC 估算误差谱

注：1 - 在充电过程中把 EMF 曲线当成充电平衡电势 E_{charge} 曲线所造成的 SoC 估算误差
2 - 在放电过程中把 EMF 曲线当成放电平衡电势 $E_{\text{discharge}}$ 曲线所造成的 SoC 估算误差

表 2-1 充、放电过程中忽视滞回电压引起的 SoC 估算误差的统计

误差原因	标准差	最大偏差	平均偏差
充电中忽视 V_h	0.0540	0.1955	0.0848
放电中忽视 V_h	0.0538	-0.1982	-0.0832

对于表 2-1，还需要进一步的理解：

第一，从以上的图、表可知，一般而言，如果忽视了动力电池的滞回电压特性，那么在充电过程中估算的 SoC 值偏大，而放电过程中所估算的 SoC 值偏小。

第二，以上的数据都是基于磷酸铁锂电池获得的，磷酸铁锂电池的 EMF-SoC 曲线比较平坦，估算时造成的误差相对较大，如果将电池类型换为三元材料锂离子电池的话，表中的每一个单元格大概可以减小一半以上。因此，有人认为，三元材料的锂离子电池比磷酸铁锂电池更容易管理。从以上误差谱的角度来说，这样的观点是有一定道理的。

2. 由于 EMF-SoC 曲线不准确所造成的 SoC 估算误差

即使考虑了滞回电压，如果模型中所使用的 EMF-SoC 曲线不准确，仍然会导致一定的 SoC 估算误差。EMF 是指电池两极的电动势，其大小只与电池的材料类型以及工作温度相关。对于磷酸铁锂动力电池来说，同一温度下的 EMF 值是唯一的，下图为 20℃ 时，磷酸铁锂动力电池的 EMF-SoC 曲线。

既然 EMF-SoC 曲线具有较好的稳定性，可以进行较为精确的测定，那么为何还会引起 SoC 估算的误差呢？原因在以下两个方面：

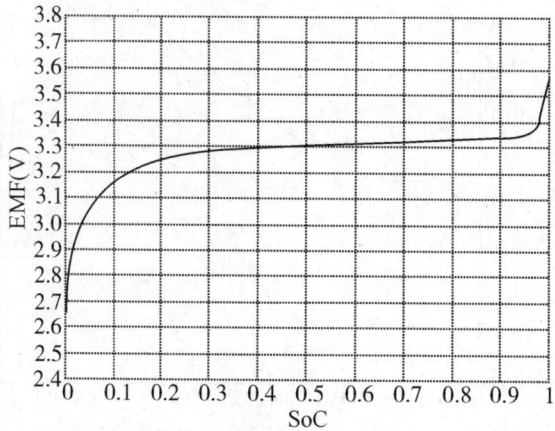

图 2-5 温度为 20℃时磷酸铁锂动力电池的 EMF-SoC 曲线

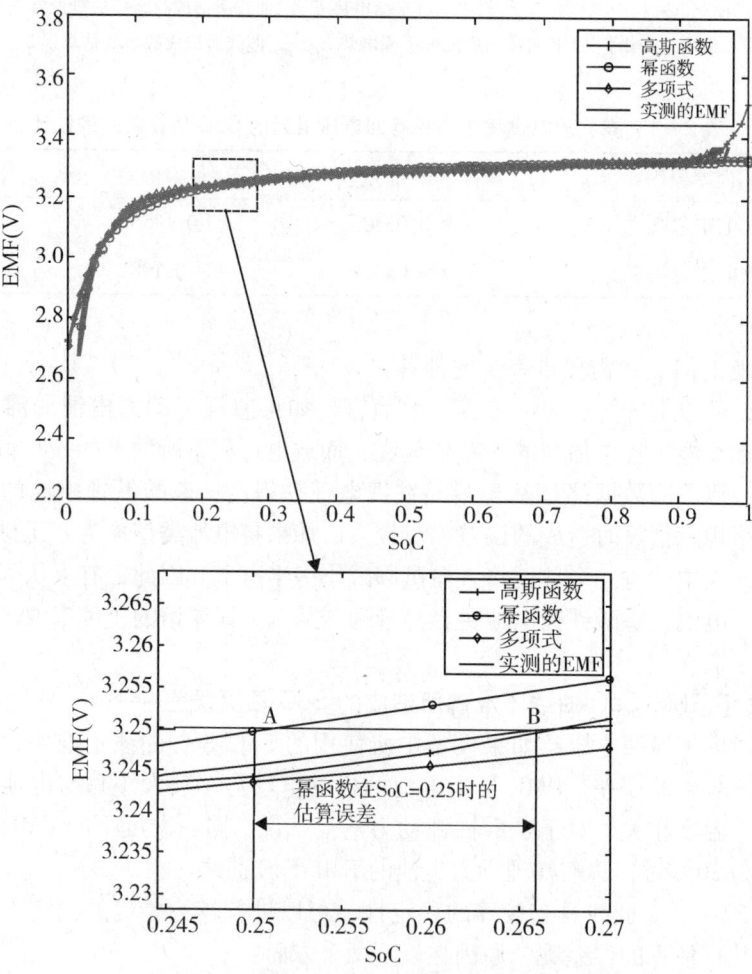

图 2-6 不同拟合方法的 EMF-SoC 曲线拟合结果

第一,由于电池管理系统温度传感器的误差,以及温度传感器放置的位置,在实际工作中,无法准确地获得电池真实的工作温度。这种情况下,可以通过测定各个温度下的 EMF-SoC 曲线,通过曲线之间的比较可以进行分析。我们重点讨论的是以下第二方面。

第二,由于嵌入式系统本身的存储单元限制,在实际的控制单元中,往往采用拟合函数法来代替查表法,以节省庞大的 EMF-SoC 待查表格。在《电动汽车动力电池管理系统设计》一书中,作者就讨论了利用不同的函数形态来拟合 EMF-SoC 曲线的各种方法的优缺点,我们利用 MATLAB 拟合工具,分别采取高斯函数,幂函数以及高阶多项式对测试得到的 EMF-SoC 数据进行拟合,图 2-6 所展示的就是利用几种常见的函数来拟合的误差对比,得到的综合误差情况如表 2-2 所示。

表 2-2 利用不同的拟合方法对 EMF-SoC 进行拟合的综合误差

(单位:V)

拟合方法	高斯函数	幂函数	多项式
对应函数	$f(x)=a_1*e^{-((x-b_1)/c_1)^2}+\cdots+a_6*e^{-((x-b_6)/c_6)^2}$	$f(x)=a*x^b+c$	$f(x)=p_1*x^7+p_2*x^6+p_3*x^5+p_4*x^4+p_5*x^3+p_6*x^2+p_7*x+p_8$
标准差	0.0449	0.0761	0.0216
最大偏差	0.1480	-0.1643	0.0623
平均偏差	0.0129	-0.0573	-0.0082

由上面的图、表可见,从综合指标而言,采用高阶多项式来拟合 EMF-SoC 曲线较优。但即便如此,误差还是不可避免的。利用拟合后的函数来进行 SoC 估算,会引入较大的误差。为了对这样的误差进行定量表述,我们假定电池管理系统中的电压传感器不存在任何误差,利用各种拟合后的 EMF-SoC 曲线来进行 SoC 估算,所得到的估算误差(SoCError)与 SoC 之间的关系如下图所示:

由图中可见,在 EMF-SoC 曲线的平台区(0.1 < SoC < 0.9),三种拟合方法均会产生较大的拟合误差,这是由于磷酸铁锂动力电池的 EMF-SoC 曲线本身的特性导致的。在 SoC 处于平台区的位置,磷酸铁锂动力电池的 EMF 变化相对平缓,此时如果在拟合时产生细微的 EMF 误差,将引起较大的 SoC 误差。需要注意的是,以上的误差是在假定电压传感器的测量误差为零的情况下获得的;如果存在电压测量误差,则 SoC 估算误差更大。

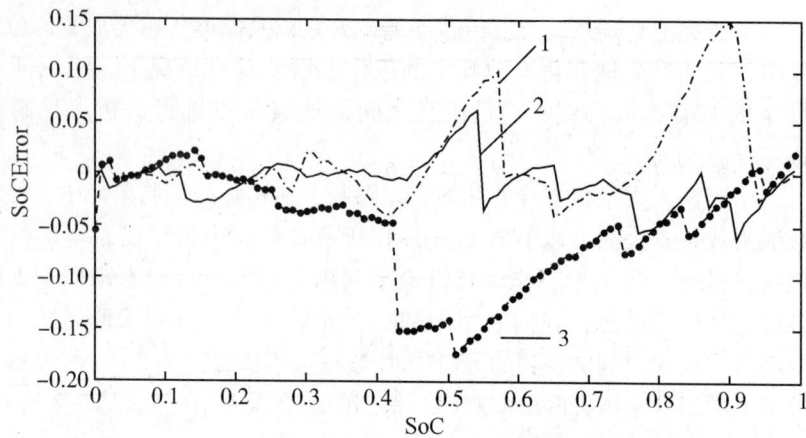

图2-7 利用拟合后的不同的 EMF-SoC 曲线进行 SoC 估算的误差谱

注：1—用高斯函数拟合 EMF-SoC 曲线所造成的 SoC 估算误差谱
   2—用多项式函数拟合 EMF-SoC 曲线所造成的 SoC 估算误差谱
   3—用幂函数拟合 EMF-SoC 曲线所造成的 SoC 估算误差谱

为了减少拟合误差，可以采用分段拟合的方法，即将 EMF-SoC 曲线分为三段（$0 < \text{SoC} < = 0.1$ 为第一段，$0.1 < \text{SoC}_2 < = 0.9$ 为第二段，$0.9 < \text{SoC}_3 < = 1$ 为第三段），分别采用不同的多项式进行拟合，拟合后的结果如下图所示。

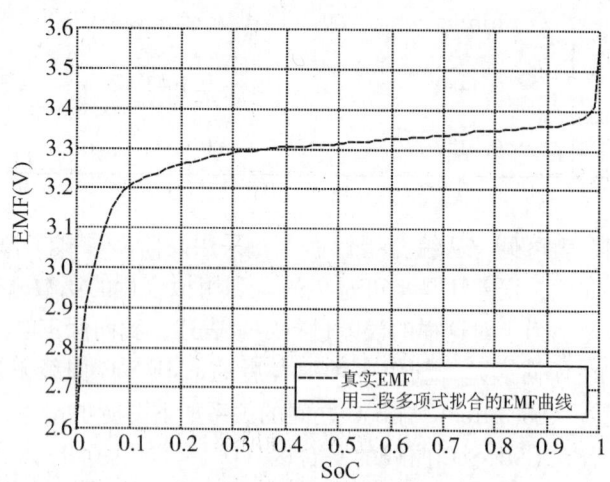

图2-8 EMF-SoC 曲线的三段多项式拟合结果

说明：图中的两条曲线几乎重合

不难发现，利用分段多项式拟合后的 EMF-SoC 曲线进行 SoC 估算，将有效减小估算误差。下表反映了分段拟合与不分段拟合的误差统计对比。

第二章 基于扩展 Kalman 滤波器的剩余电量（SoC）估算

表 2-3 EMF-SoC 不同拟合方法误差统计

拟合方法	标准差	最大偏差	平均偏差
整体（不分段）多项式拟合	0.0216	0.0623	-0.0082
分三段进行多项式拟合	0.0068	-0.0229	-0.0011

从表中可见，利用分段多项式拟合的 EMF-SoC 曲线来进行 SoC 估算，其最大偏差和标准差均下降为原来的三分之一左右。下图为利用分段多项式拟合的 EMF-SoC 曲线的估算误差谱。

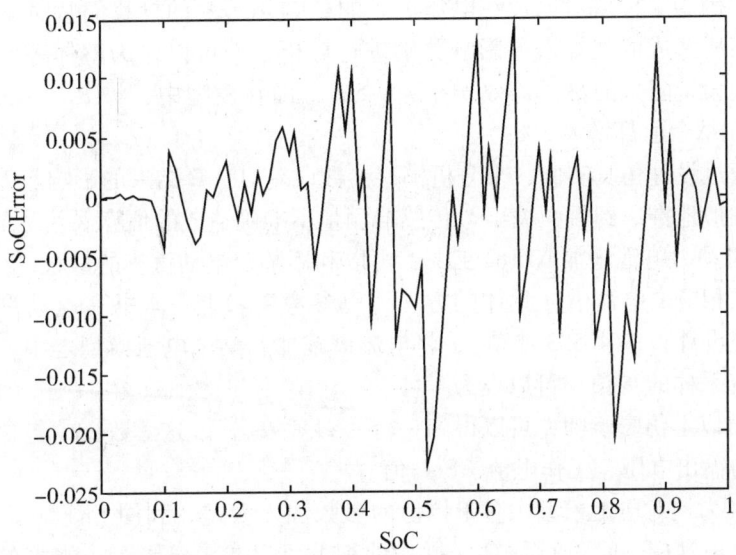

图 2-9 利用三段多项式拟合 EMF-SoC 曲线后进行 SoC 估算的误差谱

因此，对于磷酸铁锂电池，我们提倡利用三段多项式来对 EMF 曲线进行拟合，以减小 SoC 估算的误差。

3. 由于模型里面等效阻抗值设置不准确所造成的误差

在磷酸铁锂电池的等效电路模型中，常常利用阻容网络来反映电池电压与电流之间的外特性关系。然而，在实际工作中，模型的参数设置未必能完全贴近真实值，主要原因有以下几个方面：

首先，由于电池在生产加工过程中的制造工艺等原因，现在的动力电池无法保证每个电池的等效内阻完全一致，因此各个电池之间的等效阻抗会存在一定的误差。如果对所有电池都用相同的参数进行运算，则会与真实的情况产生一定的偏差，在 SoC 估算过程中，误差在所难免。

其次，由于电池在使用过程中，会出现劣化（老化），电池内部的参数会逐渐发生变化，而目前对于电池劣化的评测还不能做到百分百精确，无法得到劣化以后电池的真实阻抗参数，所以也会引起 SoC 估算过程中的误差。

再次，由于电池管理系统对温度（T）的监测存在偏差，而且对当前时刻的 SoC 估算不能非常精确，而电池的阻抗又是 T 和 SoC 的部分函数，因此难以准确设定电池模型中的阻抗值。

以上归纳了电池模型中等效阻抗值设置不准确的原因，并对由此引发的 SoC 估算不准确的现象进行了定性的分析。下面，对阻抗值设置不准确时可能造成的 SoC 估算误差的大小进行定量分析。

在电池等效电路模型中，有多个电阻、电容的值，包括 R_Ω、R_s、C_s、R_m、C_m、R_l、C_l 等，因为阻抗值对电压、电流关系的影响是等效的，我们暂时不用逐个对这些参数值所造成的估算误差影响分别进行分析，而可以作为整体等效分析。例如，人为地设定阻抗的整体等效误差为 +5%，即在模型中，将 R_Ω、R_s、C_s、R_m、C_m、R_l、C_l 每个值都增大 5%。

可以通过设计仿真实验，来分析模型参数误差对估算结果的影响。以下的仿真实验可以类似地推广到后面关于"传感器测量不准确造成的估算误差"的分析中。

（1）对动力电池施加 NEDC 工况：可以利用某台电动汽车的参数，结合 NEDC 工况，生成相应的电流谱（具体的方法可以参考笔者上一本书《电动汽车动力电池管理系统设计》的 4.5.3 小节），将电流谱施加到某个电池模型之中。仿真的步长（即电流采样的步长）可以设为 1 秒。

（2）由以上仿真步骤，可以得到一套"参考数据"，这套数据中包含有电池的每一秒钟的输出电压、工作电流、SoC 值。

（3）人为地对电池模型中各阻抗值的参数加入误差，利用 EKF（扩展 Kalman 滤波器）对电池的 SoC 进行估算（操作的细节可以参考笔者上一本书的 7.5.5 小节），算法的步长以及算法实施的周期，均与以上的仿真步骤一致，从而可以得到一套"估算数据"。

（4）将第（3）步产生的"估算数据"与第（2）步的"参考数据"相比较（对位相减），从而得到估算算法的误差。

如果人为对电池模型中加入的阻抗误差为 +10%，利用 EKF 对 SoC 进行估算，则基于上述步骤所分析得到的 SoC 估算误差谱如图 2 – 10 所示。

基于图 2 – 10，我们可以得到阻抗误差为 +10% 时 SoC 估算的误差谱，如图 2 – 11 所示。

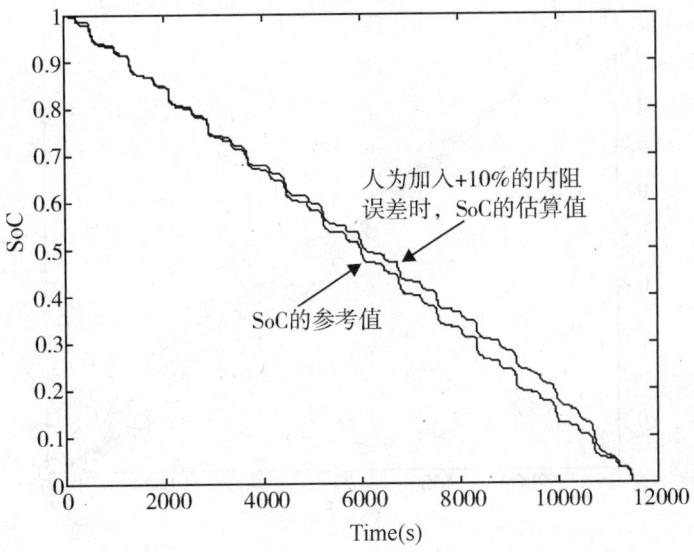

图2-10　模型中的阻抗误差为+10%时，EKF的估算值与参考的SoC值的比较

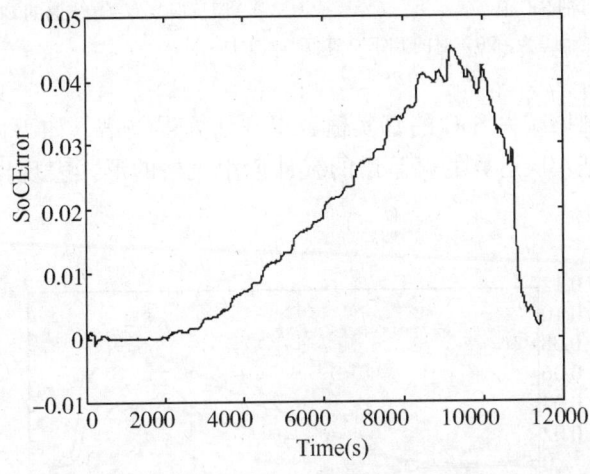

图2-11　模型中的阻抗误差为+10%时，利用EKF进行SoC估算的误差谱

为了进一步分析阻抗误差对SoC估算的影响，可以将人为误差设为更多其他的值，（例如+20%，-10%，-20%），而每改变一次模型参数，就执行一次基于EKF的SoC估算，因此相当于对同一个过程进行了多次的基于EKF的SoC估算。结合前面+10%的误差，我们可以得到4次运算结果，将4次运算的结果与SoC的参考值进行对比，如下面的图2-12所示。

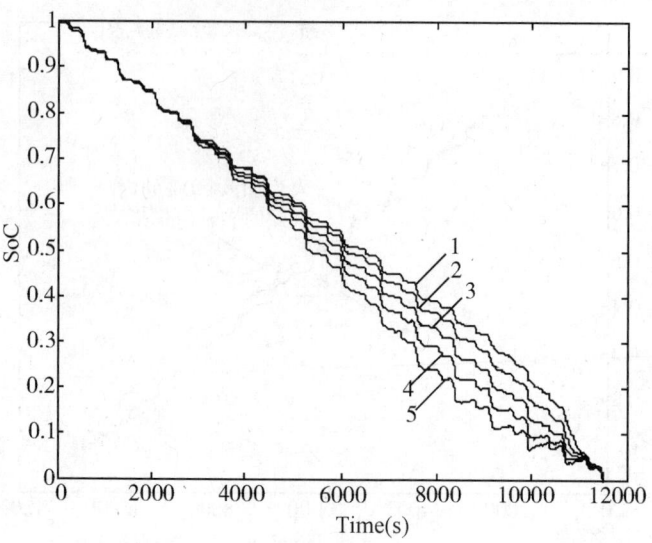

图 2-12 人为改变模型阻抗参数时,利用 EKF 进行 SoC 估算,将估算值与真值的比较

注:1-阻抗误差为 +20% 时的 EKF 估算值　　2-阻抗误差为 +10% 时的 EKF 估算值
　　3-参考的 SoC 值　　　　　　　　　　　4-阻抗误差为 -10% 时的 EKF 估算值
　　5-阻抗误差为 -20% 时的 EKF 估算值

将 4 次运算结果减去 SoC 的真实值,得到估算误差谱,如下面的图 2-13 所示。同时,我们把 4 次运算的误差谱的统计值用表格的形式表现出来,如表 2-4 所示。

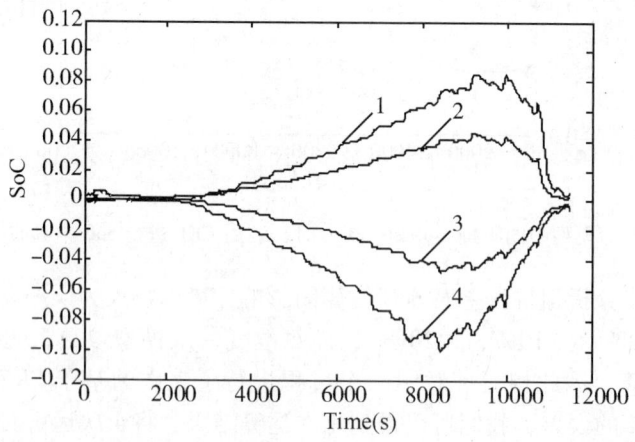

图 2-13 人为改变模型阻抗参数时,利用 EKF 进行 SoC 估算的误差谱

注:1-阻抗误差为 +20% 时的估算误差谱　　2-阻抗误差为 +10% 时的估算误差谱
　　3-阻抗误差为 -10% 时的估算误差谱　　4-阻抗误差为 -20% 时的估算误差谱

表2-4 模型中等效阻抗不准确造成的误差

阻抗误差	标准差	平均误差	最大误差
-20%	0.0332	-0.0375	0.1003
-10%	0.0162	-0.0174	0.0473
+10%	0.0146	0.0183	0.0455
+20%	0.0292	0.0320	0.0848

从表中可以看出估算偏差与阻抗的误差近似地成正比例关系，即：

(1) 阻抗偏差增加一倍，SoC 的估算误差也将近似地增加一倍。

(2) 阻抗误差 +10% 的情况与阻抗误差 -10% 的情况相差一个正负号，数值近似相等；阻抗误差 +20% 的情况与阻抗误差 -20% 的情况基本上也只相差一个正负号，而数值近似相等。

以上规律是不难理解的，因为如果模型中的阻抗值比真实值偏小，那么在同样的电流、电压测量值的前提下，相当于电池的平衡电势 $E_B(EMF+V_h)$ 偏小，由此推出的电池的 SoC 估算值也偏小；反之，如果模型中的阻抗值比真实值偏大，由此推出的电池的 SoC 估算值也偏大。可见，模型阻抗值偏差的符号与其对 SoC 估算所造成的误差的符号相同，并且 SoC 估算误差也会随着模型阻抗值偏差的增大而增大。从这一点来看，内阻的偏差与后面所说的电流传感器的系统偏差对 SoC 估算的影响规律是相似的。

同时，就 EMF-SoC 曲线而言，其大部分（10%～90% 的区间内）都是准线性的，因此阻抗误差增大了 10%，对应于估算的电压值的偏差也增大了 10%，由此估算出来的 SoC 的偏差也将增大 10%，即近似地具有正比例关系。

2.2.2 传感器测量不准确造成的估算误差

上一小节分析了由于电池模型不准确，对 SoC 估算造成的误差。本小节分析引起 SoC 估算不准确的另一方面的因素，即电池管理系统中由于传感器测量值不准确造成的 SoC 估算误差。以下分别从电流、电压两个方面来讨论传感器测量的不准确对 SoC 估算造成的误差。

1. 由于工作电流的测量误差造成 SoC 估算误差

在实际工作中，电流传感器的测量误差可以分为系统误差和随机误差两种。其中，系统误差可以看作是电流传感器的一种固定的偏移所造成的，在任一时刻测量的电流值上都有固定大小的电流误差；而随机误差则是由于电流传感器的精度引起的，可以认为是电流测量值叠加了一个高斯噪声。

(1) 当工作电流的测量存在系统误差时引起的估算误差

在大功率电池组的实际应用中，常常会使用霍尔传感器来检测工作电流的大小。在《电动汽车动力电池管理系统设计》的 5.3.3 节中,我们曾经讨论过,由于传感器本身的缺陷或者标定不准确,将会在实际的测量中存在一定的系统误差,这样的系统误差可以是正数,也可以是负数。我们利用扩展 Kalman 滤波器来对一个电池的放电过程进行 SoC 估算,在估算过程中人为地加入 +5A 的系统误差,则加入误差前后的 SoC 估算曲线如下图所示。

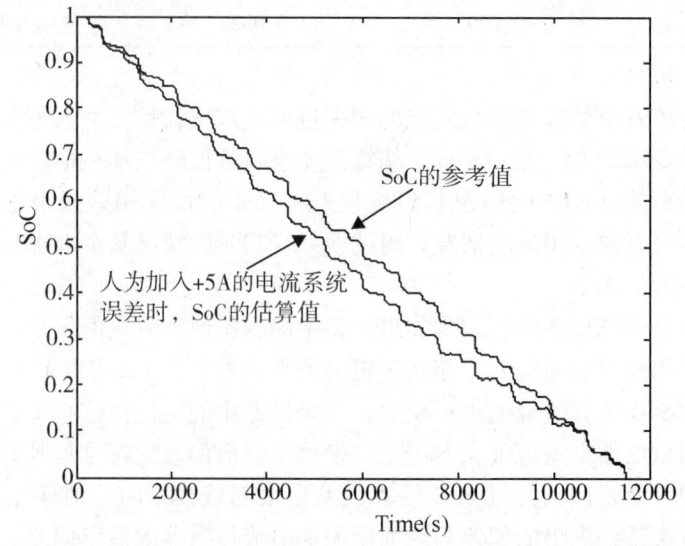

图 2-14 电流传感器系统误差为 +5A 的 SoC 估算值与参考值的比较

如果把引入传感器误差后的估算值减去 SoC 的参考值,则可以得到每一秒钟的估算误差,如下图所示。可见,当电流传感器存在 +5A 的系统误差时,SoC 的估算误差最大可超过 7%。

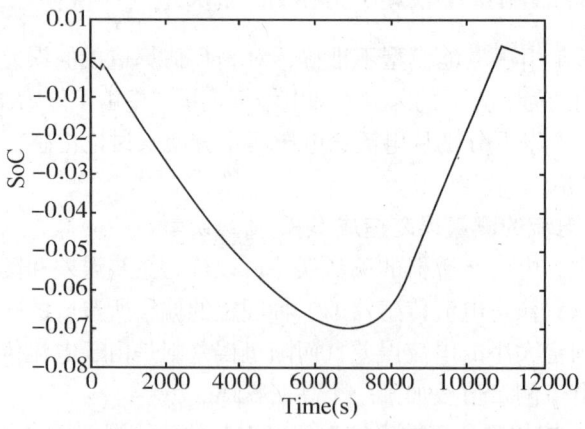

图 2-15 电流传感器系统误差为 +5A 时,利用 EKF 进行 SoC 估算的误差谱

从上面的两幅图中可见以下规律：

第一，电流传感器的系统误差与 SoC 估算误差的符号相反；

第二，误差谱曲线呈现出"中间大，两头小"的特点。

以上的规律可以这样理解：

首先，关于符号问题。对照图 2-1 可知，如果电流传感器的误差为"正"，则相当于从电池中"放掉"的电荷增多了，则 SoC 估算值呈现出"负"的误差。虽然在这个过程中，电压观测值（U）会对此有所修正，但是由于状态方程此时也是起作用的，因此量测方程的修正作用能够抵消部分系统误差，但不能完全消除。

其次，关于误差谱曲线的形态问题。对照图 2-5 可知，磷酸铁锂电池的 EMF-SoC 曲线是一条"单调增"的函数曲线，且曲线呈现出"两头陡峭，中间平缓的特点"，由于利用 EKF 进行 SoC 估算的算法的核心是基于电池的 EMF-SoC 曲线的，对于相同的电流系统误差，会出现"中间误差大，两头误差小"的特点。即在放电深度小于 60% 的时候，由于电流测量存在系统误差，并且由于状态方程的存在，系统的累积误差会越来越大，直到放电后期，随着 SoC 不断减小，EMF 曲线不断变得陡峭，卡尔曼增益变得越拉越大，量测方程的作用越来越明显，才使得之前累积误差在 EKF 的作用下逐步得到了消除。

以上我们讨论的是当电流传感器存在 +5A 的系统误差时 SoC 估算的误差谱。我们还可以进一步人为地设定电流传感器测量系统误差的大小，用相同的方法进行仿真分析，可以得到在不同的电流测量系统误差下 SoC 估算值偏差的统计值，如下表所示。

表 2-5 工作电流系统误差对 SoC 估算误差的影响

电流系统误差	标准差	平均误差	最大误差
-5A	0.0275	0.0498	0.0839
-3A	0.0163	0.0288	0.0493
-1A	0.0054	0.0092	0.0161
+1A	0.0053	-0.0088	-0.0157
+3A	0.0154	-0.0253	-0.0455
+5A	0.0243	-0.0386	-0.0712

从表 2-5 中可以看出 SoC 估算偏差与电流传感器的系统误差符号相反，但就绝对值而言近似地成正比例关系。

（2）当工作电流的测量存在随机误差时引起的估算误差

在测量工作电流时，传感器往往存在随机误差。其特点是：电流测量误差的大小在每一个时刻的大小是随机的，但误差的平均值为零。究其原因，是传感器的测量噪声及其后端的 A/D 转换器的分辨率共同作用的结果。当前市场上主流的霍尔电流传感器，其测量误差分为 1%，3% 和 5% 等。

我们先看测量误差最严重的情况：假设电流传感器存在 5% 的随机误差，利用 EKF 来对一个电池的放电过程进行 SoC 估算，加入误差前后的 SoC 估算曲线如图 2-16 所示。

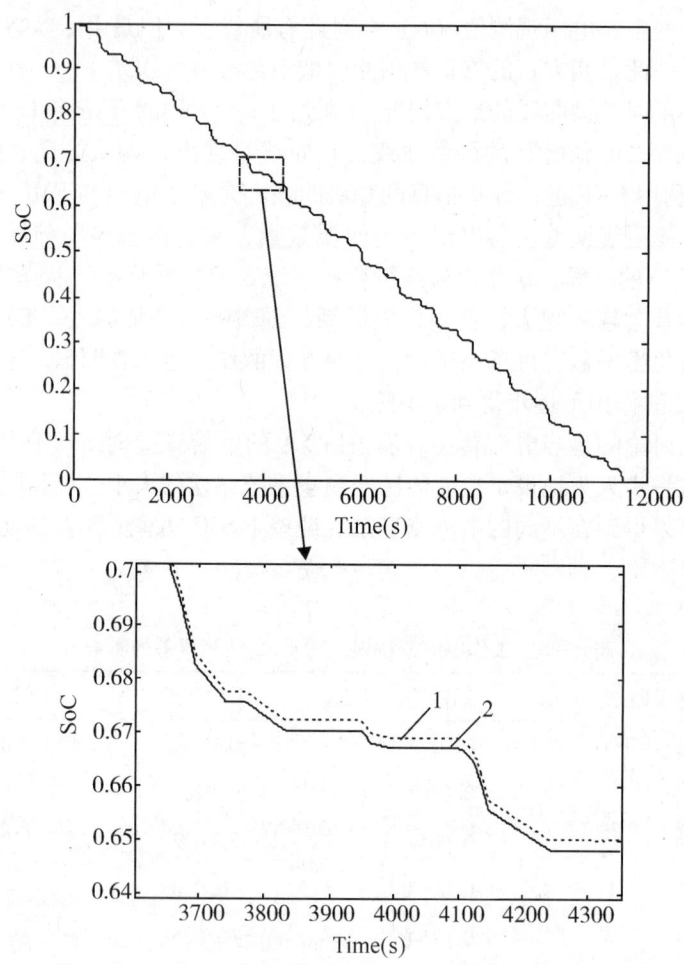

图 2-16　电流传感器存在 5% 的随机误差时，利用 EKF 进行 SoC 估算的结果与参考值比较

注：1-人为加入 5% 的电流随机误差时，SoC 的估算值　　2-SoC 的参考值

由图 2-16 可见，即使电流传感器存在 5% 的随机误差时，利用 EKF 进行 SoC 估算所产生的误差也是微不足道的，那么可以预见，如果电流随机误差小于 5% 的情况下，SoC 的估算误差可以忽略。

为了验证上述观点，根据当前市场上电流传感器的精度等级，我们可以在仿真过程中设定不同的电流测量随机误差的强度（分别为1%、3%），再结合图2-16中5%的情况，得到在各种随机误差强度下SoC估算偏差的统计值，如下表所示。

表2-6 工作电流测量随机误差对SoC估算误差的影响

电流随机误差	标准差	平均误差	最大误差
1%	0.0001	0.0002	0.0011
3%	0.0002	0.0002	0.0020
5%	0.0008	0.0015	0.0051

从上述（1）、（2）两种情况来分析，系统误差对于SoC的估算精度影响较大，而随机误差对此影响较小。得到这样的结论是不难理解的，因为Kalman滤波器本身的优势，就是在于对随机噪声的抑制作用。

2. 由于工作电压的测量误差造成的SoC估算误差

在实际工作中，电压传感器的测量误差也可以分为系统误差和随机误差两种。其中，系统误差可以看作是电压传感器的一种固定偏移造成的，在任一时刻测量的电压值上都有固定大小的读数偏差；而随机误差则是由于电压传感器的分辨率引起的，可以认为是在电压测量值的基础上叠加了一个高斯噪声。

（1）当工作电压的测量存在系统误差时引起的估算误差

一般而言，任何一种电压监测方案，由于芯片精度的限制，其电压测量值都必然会存在着一定的系统误差。例如本书涉及到的几个方案中，基于LTC6802芯片的方案，其电压测量值有可能存在±8mV的系统误差，基于LTC6804芯片的方案，可能存在±1mV的系统误差（尽管LTC6804的datasheet给出的最大误差为±1.2mV，但在0～40℃的范围内，LTC6804的电压测量值误差绝对值不超过1mV），早期所用的较差的电压监测方案，可能存在±20mV的系统误差。基于以上这些典型的系统误差值，我们利用和前面相同的仿真实验，对动力电池施加NEDC工况，并人为地对其电压测量值施加系统误差，然后基于EKF对电池的SoC进行估计。将每次仿真中的估算值与参考值相比较，如图2-17（a）所示；同时，将估算值与参考值对应相减，得到SoC估算的误差谱，如图2-17（b）所示。

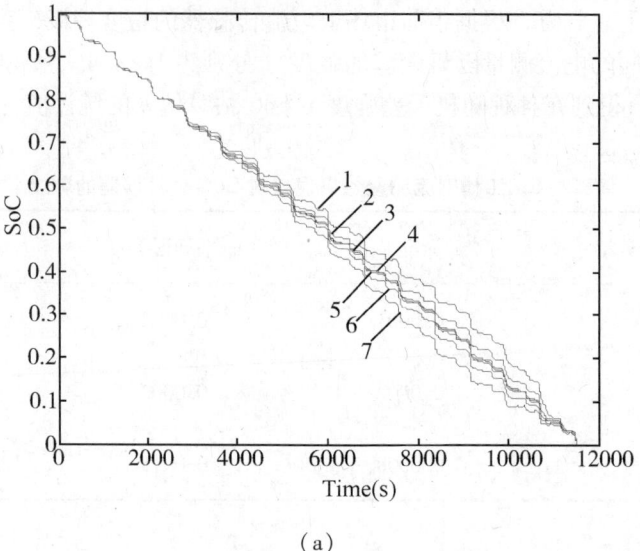

(a)

注：1—电压系统误差为+20mV时的EKF估算值　　2—电压系统误差为+8mV时的EKF估算值
　　3—电压系统误差为+1mV时的EKF估算值　　4—参考的SoC值
　　5—电压系统误差为−1mV时的EKF估算值　　6—电压系统误差为−8mV时的EKF估算值
　　7—电压系统误差为−20mV时的EKF估算值

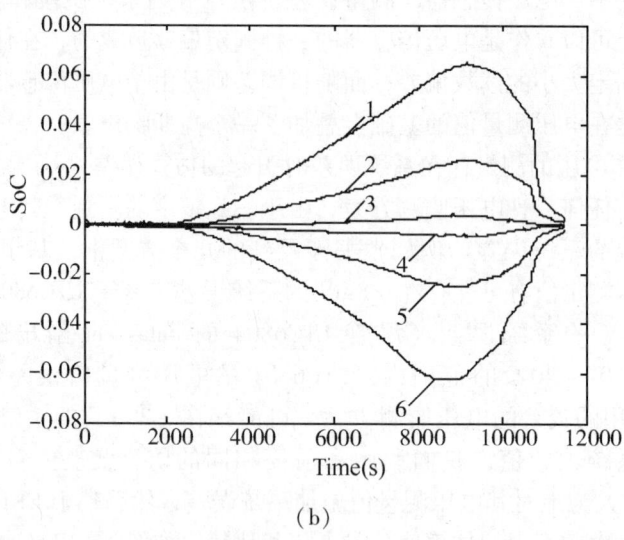

(b)

注：1—电压系统误差为+20mV时的估算误差谱　　2—电压系统误差为+8mV时的估算误差谱
　　3—电压系统误差为+1mV时的估算误差谱　　4—电压系统误差为−1mV时的估算误差谱
　　5—电压系统误差为−8mV时的估算误差谱　　6—电压系统误差为−20mV时的估算误差谱

图2−17　电压传感器存在不同的系统误差时，利用EKF进行SoC估算的结果与参考值比较

将图 2-17（b）所示的数据以表格的方式展现出来，如表 2-7 所示。

表 2-7　电压测量系统误差对 SoC 估算误差的影响

电压系统误差	标准差	平均误差	最大误差
+20mV	0.0235	0.0269	0.0648
+8mV	0.0093	0.0100	0.0261
+1mV	0.0013	0.0010	0.0041
-1mV	0.0013	-0.0022	-0.0045
-8mV	0.0089	-0.0097	-0.0248
-20mV	0.0220	-0.0247	-0.0623

从表 2-7 中可以看出 SoC 估算偏差与电压传感器的系统误差符号相同，并且近似地成正比例关系，对于这种现象的分析和前面对"等效阻抗不准确所造成的误差"的分析是类似的，读者可以类比表 2-4 后面的分析对此进行理解，此处不再赘述。

（2）当工作电压的测量存在随机误差时引起的估算误差

电压传感器的分辨率总是有限的，由此可能造成电压读数存在着一定的随机误差。根据当前市场上常用的电压采集方案，我们选了几个典型值 20mV（对应于早期精度较差的方案的分辨率），5mV（对应于 LTC6802 的分辨率），1mV（对应于 12-bit 的 ADC 方案），0.01mV（对应于 LTC6804 的分辨率）。我们把这样的随机噪声人为地加入基于扩展 Kalman 滤波器的 SoC 估算算法。

我们先看测量误差最严重的情况：当电压传感器的噪声强度为 20mV 的时候，利用 EKF 来对一个电池的放电过程进行 SoC 估算，加入误差前后的 SoC 估算曲线如图 2-18 所示。

如图 2-18 是设定电压测量噪声后，所得到的估算值与参考值的对比。从图中可见，即使电压传感器存在强度为 20mV 的随机测量噪声时，利用 EKF 进行 SoC 估算的所产生的误差也是微不足道的，那么可以预见，在电压随机误差强度小于 20mV 的情况下，SoC 的估算误差将可以忽略。

为了验证上述观点，根据当前市场上电压传感器的精度等级，我们可以在仿真过程中设定不同的电压测量随机误差，得到在各种随机误差强度下 SoC 估算偏差的统计值，如表 2-8 所示。

表2-8 工作电压测量随机误差对SoC估算误差的影响

分辨率（bit）	相应的电压测量随机误差	标准差	平均误差	最大误差
8	20mV	0.0006	0.0013	0.0054
10	5mV	0.0005	0.0009	0.0028
12	1mV	0.0003	0.0004	0.0011
16	0.01mV	0.0002	0.0001	0.0009

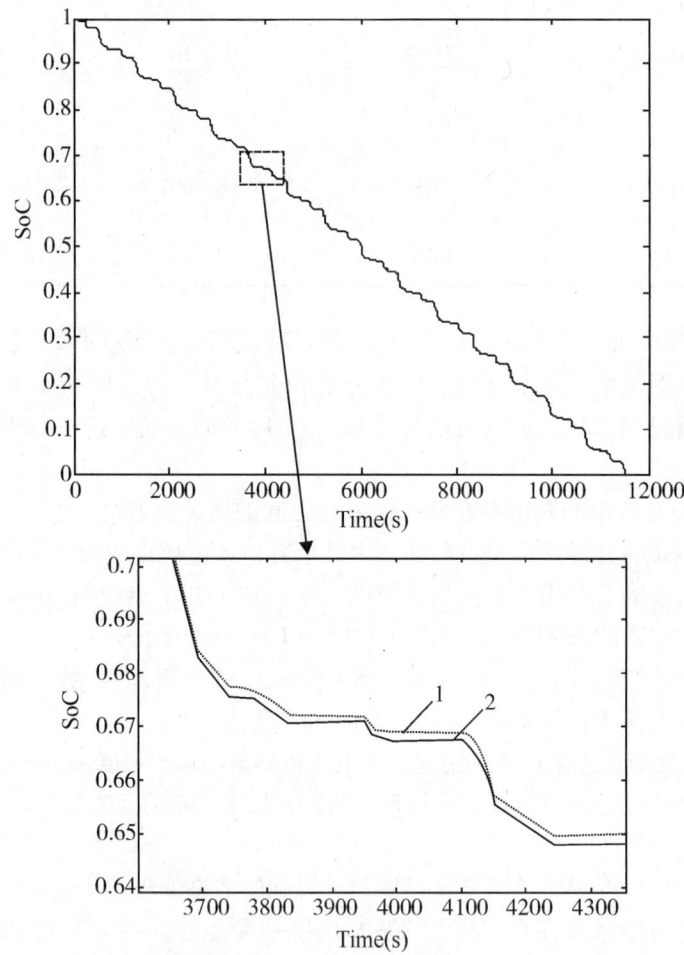

图2-18 电压测量噪声强度为10mV时，利用EKF进行SoC估算的结果与参考值比较

注：1-人为加入20mV的电压随机误差时，SoC的估算值
　　2-SoC的参考值

需要说明的是，上面所设的随机误差的强度，分别有20mV、5mV、1mV和0.01mV，它们分别对应于在基准电压为5V的前提下，A/D转换器的分辨率是

8位、10位、12位、16位的情况,这些恰恰是目前市场上多数A/D转换器的参数指标。例如,用一个10位的A/D转换器来进行电压采集,可能的读数有$2^{10}=1024$种情况。如果基准电压为5V,那么

$$\frac{5V}{1024} \approx 5mV$$

因此,用10位的A/D转换器来进行电压采集,其分辨率为5mV,对应于上述表格中的第二行的情况。

与前面电流传感器测量不准确造成估算误差的规律相似,从上述(1)、(2)两种情况来分析,系统误差对SoC的估算精度影响较大,而随机误差对此影响较小。得到这样的结论是可以预期的,因为Kalman滤波器本身的优势,就是在于对随机噪声的抑制作用。

2.2.3 影响SoC估算精度的因素

本节一个重要的贡献,就是分析了各种因素对Kalman SoC算法的误差谱,所谓的误差谱和孤立的误差的区别,就在于考虑了误差关于SoC的分布。

另外,为了比较各种因素对SoC估算精度的影响,我们针对磷酸铁锂电池的数据,以表格的形式进行总结,如表2-9所示。

表2-9 各种因素对SoC估算误差的影响

误差来源	具体成因		近似折算关系	典型的最大值
由于电池模型不准确造成的估算误差	忽视滞回电压		一般造成5~10%的误差	极端的情况,可能达到±20%的误差
	EMF-SoC曲线拟合不准确		利用分段拟合的方法,误差可以控制在1~2%	利用非分段拟合的方法,误差可达3~5%
	由于模型里面等效阻抗值设置不准确所造成的误差		阻抗误差每增加5%,估算误差增加1%左右	当阻抗误差达到±20%左右,估算误差达到±4%
由于传感器测量不准确造成的估算误差	工作电流测量存在误差	系统误差	平均1A的系统误差折算为0.53%的估算误差	5A的电流系统误差对应7~8%左右的估算误差
		随机误差	基本可以忽略不计	强度为5%的随机误差对应估算误差为0.15%
	工作电压测量存在误差	系统误差	1mV系统误差折算为0.13%的估算误差	20mV的系统误差对应的估算误差为6.48%
		随机误差	基本可以忽略不计	强度为20mV随机误差对应估算误差为0.54%

对于表 2-9 的理解如下：

（1）表中"近似折算关系"一列，是从统计标准差得到的；而"典型的最大值"一列，是针对统计的最大值而言的。

（2）扩展卡尔曼滤波器有利于针对随机误差，有助于克服传感器分辨率不足的问题。但对于系统误差就显得无能为力了。

（3）表中的数据是基于磷酸铁锂电池的，对于锰酸锂、三元材料等其他材料的锂离子电池，大致可以将表格中的误差值除以 4，得到近似的误差分布情况。从这个意义上来说，同样是基于 EKF 的 SoC 估算，实施在磷酸铁锂电池中的误差是最大的，也可以说，磷酸铁锂动力电池的 SoC 估算难度最大。这个与磷酸铁锂电池 EMF 曲线比较平坦的特点不无关系。

通过本节的分析，可以知道，电池模型参数的准确性，传感器的测量精度，对于 SoC 估算的精度也是重要的。本章后面接下来的两章，恰恰是针对这两个方面进行进一步的讨论。其中，第三章讨论动力电池的劣化规律问题，只有在电池的模型中，加入了劣化的参数，才能使 SoC 估算具有更高的精度；在第四章中，我们将介绍先进的电池管理系统硬件，利用较为先进的硬件方案，来得到较高的传感器测量精度，从而能使 SoC 估算算法具有更高的精度。

2.3 Kalman 滤波器计算过程中计算参数的设置

四年前，笔者刚开始尝试用 Kalman 滤波器来做 SoC 估算的时候曾经遇到过这样的问题：如果不知道 Q、R 的值，是否能利用 Kalman 滤波器来进行 SoC 的估算呢？又或者说，如果大概知道 Q、R 的范围，而不能得到其确切的值，那么利用 Kalman 滤波器进行运算的时候将会存在多大的误差呢？然而在近年的文献中，对于这两个计算参数如何设置的问题鲜有讨论。在本节中，笔者尝试对此进行一些分析。

2.3.1 两个计算参数的数学含义分析

实际上，在 Kalman 滤波器中，Q、R 参与每一步的递归运算，而 w_k 和 v_k 已经包含在了估算值 x_k^* 和测量值 z_k 之中，并不显式地参与运算，那么，如何正确理解 Q、R 这两个参数的含义，弄清它们与 w_k、v_k 的关系，正是本小节的主要目的。

1. 关于 w_k 的正确理解

在式子（2-1）中，w_k 是一个服从正态分布 $N(0, Q)$ 的随机向量，称作"过程激励噪声"。1960 年，R. E. Kalman 发表了关于 Kalman 滤波器的第一篇论文时就明确地指出，这是系统状态向量在受到外界干扰时，状态更新过程之中引入的。然而，在基于 Kalman 滤波器的 SoC 估算算法中，w_k 具体是由什么因素引起的，是否需要在递归运算中显性地表达出来？以往许多相关文献都回避了这些问题，这里我们对此稍作说明。

首先，我们比照式子（2-1）和式子（2-5）来看，式子（2-1）明确写出了系统的状态变量 x_k 的更新与 w_k 是有关的，而式子（2-5）中却不见了 w_k 这一项，似乎两个式子不等价。而实际上，这两个式子是等价的。这是因为，式子（2-1）是一个精确的表达，φ_k 表示没有任何误差的、能够被准确测量获得的激励源，激励函数 $f(\cdot)$ 也是准确无误的，所有的误差都包含在 w_k 之中；而在式子（2-5）中，包含有从传感器中读取过来的电池工作电流 i_k，和反映电池模型的矩阵 A 和 B，由于传感器的测量误差以及模型存在一定的不准确性，对状态变量 x_k 的更新是不准确的，正是由于这个原因，我们把利用式子（2-1）或者式子（2-5）更新后的状态变量称作状态变量的估算值，并且需要利用量测方程（2-2）来对更新后的 x_k 进行重新评估，从而得到更为准确的值。可见式子（2-1）和式子（2-5）是等价的，只不过式子（2-1）中把模型的误差以及传感器的误差显性地记为了 w_k，而式子（2-5）中就把这个误差隐含在了矩阵 A、B 和 i_k 之中。

其次，在仿真过程中，如何处理 w_k 呢？具体的做法应该是：在仿真过程中，为了得到"带测量噪声的工作电流"，我们可以根据所需要的测量噪声强度添加随机噪声，即使得 $\hat{i}_k = i_k + w_k$（i_k 表示不含噪声的、真实的电流值），再把人为地加入了噪声后的 $\hat{i}_k$ 代入式子（2-5）中，以便对真实的情况进行仿真。

2. 关于 v_k 的正确理解

如果以上能正确理解了 w_k 在式子中的含义，对于 v_k 的讨论就可以类比地进行了。

首先，在式子（2-2）中，v_k 同样服从正态分布，即 $v_k \sim N(0, R)$，是对于量测方程以及观测向量 z_k 的测量误差的显性描述。而式子（2-6）本身就包含了传感器的测量误差以及观测模型本身可能存在的偏差，因此，就不用再显性地将 v_k 作为一个加数写出来。

其次，在仿真过程中，为了得到"带测量噪声的工作电流"，我们可以根据所需要的测量噪声强度添加随机噪声，即使得 $\hat{u}_k = u_k + v_k$（u_k 表示不含噪声的、真实的电压值），再把人为地加入了噪声后的 $\hat{u}_k$ 代入式子（2-6）中，从而对真实的、带有电压测量误差的情况进行仿真。

3. 两个参数对 SoC 估算算法的影响

在基于 EKF 对 SoC 进行估算的过程中，通常采用递归的计算方式。结合前面 2.1 节中的式子（2-8）～（2-13）可以看出，在整个递归计算的过程中，Q、R 这两个参数对于状态向量的估算、更新有着非常重要的影响作用。

首先，由式（2-9）可以看出，$P_k \geq Q_{k-1}$，所以 Q 决定了预测估计值的精度下限。也就是说，如果 Q 的值比较大，就意味着通过式（2-8）所求出来的状态

量的估算值 x_k^* 的偏差会比较大。

其次，综合式子（2-10）～（2-13）可以看出，$0 \leqslant P_k \leqslant R$，说明了量测噪声的方差决定了滤波器误差的上限。也就是说 R 的值反映了通过量测方程评价估算值的误差大小。

再次，不难看出 Kalman 增益 K_k 满足 $0 \leqslant K_k \leqslant 1$，由式（2-12）可以看出，$K_k$ 越靠近 0，表明在评价的过程中更看重通过状态方程得到的估算值 x_k^*；反之，若 K_k 越靠近 1，表明在评价过程中更看重的是通过电压测量值 u_k 对估算值的修正作用。事实上，在两种极端（$K_k=0$ 或 $K_k=1$）的情况下，递归运算已经失去了 Kalman 滤波器的特性，而退化为纯粹的滤波器或者纯粹的测量方程了。

4. 对两个计算参数（Q、R）的正确理解

经过前面的讨论，我们对于 Q、R 这两个计算参数的具体物理含义应该有了清晰的了解。因为 $v_k \sim N(0, R)$，$w_k \sim N(0, Q)$，因此 Q、R 就是反映系统状态方程以及量测方程的不确定程度的两个变量。结合前面 2.1 节中的式子（2-8）～（2-12）可以看出，在基于 EKF 对 SoC 进行估算的整个过程中，Q、R 这两个参数对于状态向量的估算、更新有着非常重要的影响作用。

然而，尽管我们明确了 Q、R 的物理含义，在实际的 SoC 计算过程中，我们并不一定能算出这两个参数的准确数值。那么，接下来的两个问题是：

第一，在实际的计算过程中，Q、R 这两个参数对于基于 EKF 的 SoC 估算算法的计算精度是如何影响的？也就是说，当计算值 Q、R 与实际的数值有一定偏差时，会对基于 EKF 的 SoC 估算算法产生怎么样的影响？

第二，如何对 Q、R 的最优值进行辨识？

我们将通过仿真实验，对这两个问题进行讨论。

2.3.2 仿真实验的设计

为了考查两个计算参数对于 Kalman 滤波器运算的影响，必须考虑到各种情况的排列组合，其中包括了 Q、R 这两个参数的"计算值"和"真实值"，共四个变量。要枚举这四个变量的各种排列组合，利用实际试验的方法显然是不切实际的。因此，我们设计了仿真实验，通过仿真实验来寻找规律。以便分析出当 Q、R 这两个计算参数与噪声的实际值不一致的情况下，Kalman 滤波器是否还能有效工作。

1. 设计一个 1000 步的随机过程

参考了有关文献，本小节我们设计一个非常简单的随机过程实验，通过仿真实验，分析计算参数 Q、R 对于基于 Kalman 滤波器的算法的准确度的影响。

假设有一个 1000 步的随机过程，过程中的观察对象都是电压值（Voltage），单位是 V。（为了简便，在讨论过程中我们更多地关心的是数值，有时可能把单位或者量纲暂且忽略。）过程中状态量的真值始终为 1，即 $x_k = 1$（$k = 1, 2, \cdots\cdots, 1000$），状态方程和量测方程的具体形式非常简单，如下：

$$x_k = x_{k-1} + w_{k-1} \quad (2-15)$$
$$z_k = x_k + v_k \quad (2-16)$$

过程激励噪声 w_k 和测量噪声 v_k 均服从正态分布。为了与计算过程参数（Q、R）的区分，我们把 w_k 和 v_k 的统计方差真实值为 σ_w 和 σ_v。即在仿真实验中，Q、R 用于式子（2-8）～（2-13）的递归运算步骤，而 σ_w 和 σ_v 用于控制 w_k 和 v_k 的生成。

如此一来，在整个仿真过程中，当 $k=1$，2，……，1000 时，就有三个值：

- z_k 是每个时刻 k 的测量值，它叠加了测量噪声 v_k。根据式（2-2），以 z_k 为左边的量测方程可能是比较复杂的形式，而不是（2-16）这样的简单；然而，我们只取了最简单的形式，因为这里只想分析噪声参数与计算参数之间的关系。
- x_k^* 是根据 Kalman 滤波器算法，通过递归运算生成的估算值，计算的依据就是前面所述的递归过程，即式（2-8）～（2-13）。
- 1 是每个时刻 k 的状态量的真实值，x_k^* 越接近 1，就表明 Kalman 滤波器对噪声 w_k 和 v_k 的抑制作用越明显，滤波器算法的使用就越成功。

随着时间 k 的推移，以上三个值就形成了三个过程量，可以在同一幅图中表现出来，如下：

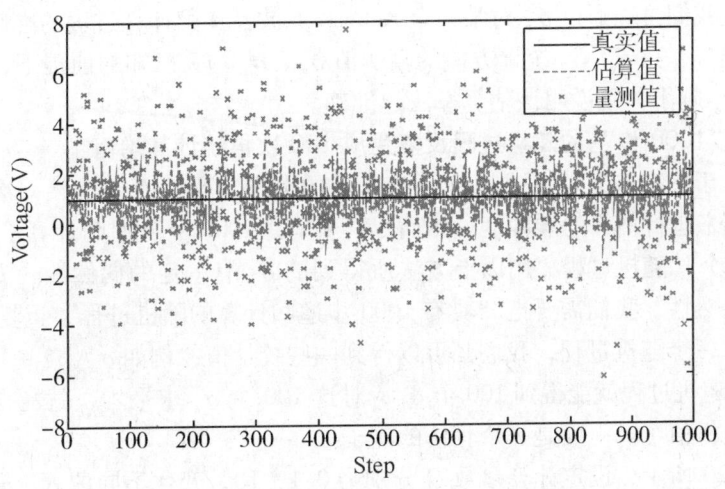

图 2-19 仿真实验中所产生的三个过程量

上图有三点值得说明：

第一，实际上 x_k^* 和 z_k 都是随机过程量。因此，每生成一个随机过程，都能绘制出一个独特的图谱，上图只是众多随机过程之中可能的一个，作为示意图。

第二，上图的形态受 Q、R、σ_w 和 σ_v 四个参数共同作用的影响，对于不同的参数，将会有不同的形态。

第三，由于卡尔曼滤波器对系统的状态量和误差协方差的初值不敏感，在图 2-7 的例子中，设估算状态量初值 $x_0^* = 10$，误差协方差初值 $P_0 = 1$，本节后面的内容将就初值设置的问题进行更详细的讨论。

2. 利用仿真实验来分析算法的准确性

本小节所设计的仿真实验包括 1000 步的递归计算，每一步的递归计算产生对状态量的估算值 x_k^*（$k=1$，2，……，1000），我们可以通过计算误差的标准差来检验 Kalman 滤波器算法的准确性。

由于我们所设计的状态量的真值固定为"1"，因此，每一步的估算误差为：

$$\varepsilon_k = x_k^* - 1 \tag{2-17}$$

平均误差为

$$\mu_\varepsilon = \frac{\sum_{k=1}^{1000} \varepsilon_k}{1000} \tag{2-18}$$

而用于反映算法准确性的误差的标准差就是

$$\sigma_\varepsilon = \sqrt{\frac{\sum_{k=1}^{1000} (\varepsilon_k - \mu_\varepsilon)^2}{1000 - 1}} \tag{2-19}$$

由此，我们可以通过 σ_ε 对某一个 Kalman 滤波器递归计算过程的准确性进行评价。不难理解，在 w_k、v_k 统计方差的真实值 σ_w、σ_v 均为已知的前提下，如果估算所统计的 σ_ε 越小，则说明该估算算法越准确。

3. 把"1000 步"的随机过程反复生成 100 次再统计其均值

以上关于标准差的表达式均符合统计学的标准定义，能反映某一次利用 Kalman 滤波器来进行估算的准确度。然而尽管具有"1000 个"递归计算步骤，x_k^* 只不过是"1 个"随机过程，用以上方法所得到的 σ_ε 有一定的偶然性。为了尽量消除这样的偶然性，我们需要把"具有 1000 步递归计算的随机过程"重复 100 次。

对于每一个随机过程，我们都可以得到一些统计值，例如 σ_ε，

100 次随机过程就能得到 100 个 σ_ε，对这 100 个 σ_ε 求平均，就能得到一个比较稳定的分析值了。下面是一个具体的例子。

图 2-20 所示，设定计算参数 Q 分别为 0.1，10，变化不同的 R，进行一次随机过程仿真所得到的估算误差标准差。从图中可以看出，由于对每个参数值只做一次过程的仿真，随机过程中表现出来的误差具有一定的随机性，因此统计曲线表现出一定的振荡。

对于以上的例子，如果我们对每组参数值不是产生一个随机过程，而是产生 100 个，每个随机过程产生一个 σ_ε，对这 100 个 σ_ε 作平均，则得到下图的曲线。

可见，需要通过多次重复来获得误差的统计值。

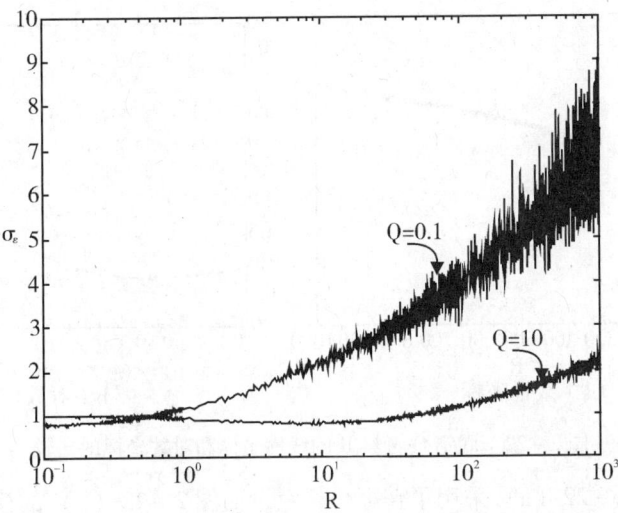

图 2-20 $\sigma_w=1$, $\sigma_v=1$, $Q=0.1$, $Q=10$ 时,进行一次随机过程所得到的估算误差标准差

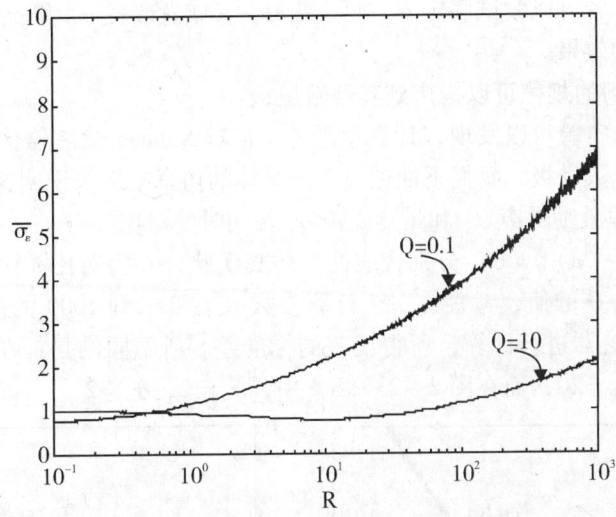

图 2-21 $\sigma_w=1$, $\sigma_v=1$, $Q=0.1$, $Q=10$ 时,进行 100 次随机过程所得到的
估算误差标准差再求平均的结果

4. 横坐标采用对数坐标更能反映计算规律

通过大量的实验可以发现,采用对数坐标更能反映计算参数 Q、R 对 Kalman 滤波器估算效果的影响。我们下面通过一个具体的仿真案例来说明这一点。

假设 $\sigma_w=1$, $\sigma_v=1$,固定其中一个计算参数 $Q=1$,考察另一个计算参数 R 在 0.1 到 1000 的范围内变化时,通过 Kalman 滤波器进行计算,所得误差的标准差,如图 2-22 所示。

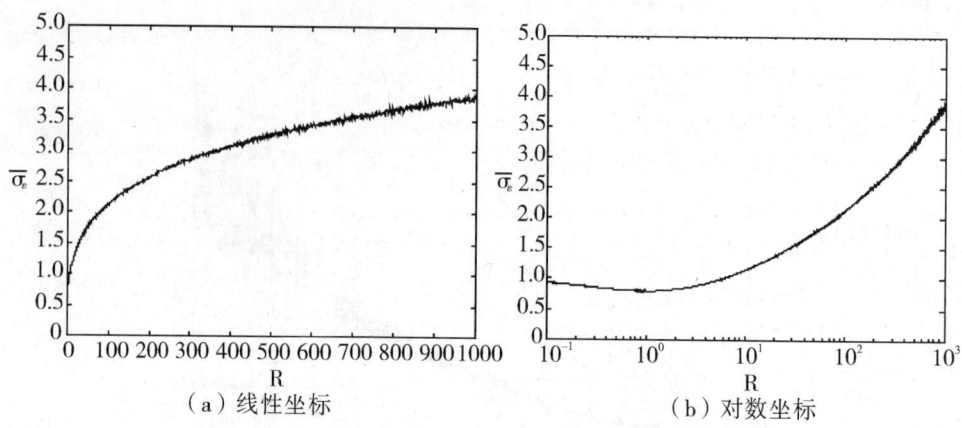

(a) 线性坐标　　　　　　　　　(b) 对数坐标

图 2-23　固定 Q 考察 R 的线性坐标和对数坐标的比较

其中，图 2-22（a）采用了普通坐标系，而图 2-22（b）的横坐标采用了对数坐标系。可见，后者更能直观反映出计算参数 R 对于 Kalman 滤波器的估算准确性的影响规律。

有兴趣的读者可以尝试固定 R，而改变 Q，又或者改变 σ_w 和 σ_v 的设置值，将同样得到类似的效果。

5. 仿真得到的规律可以推广到其他数量级

通过大量的实验可以发现，计算参数 Q、R 对 Kalman 滤波器估算效果的影响可以推广到其他数量级。我们下面通过 2 组具体的仿真案例来说明这一点。

（1）当过程激励噪声 σ_w 和量测噪声 σ_v 相同时的对比。

图 2-23 中（a）、（b）分别代表两个仿真实验，互为对比。两个实验都是分别固定计算参数 Q 的值，考察另一个计算参数 R 在 0.1 到 1000 的范围内变化时，通过 Kalman 滤波器进行计算，所得误差的标准差。所不同的是：在图 2-23（a）中，$\sigma_w = 20$，$\sigma_v = 20$；而在图 2-23（b）中，$\sigma_w = 2$，$\sigma_v = 2$。

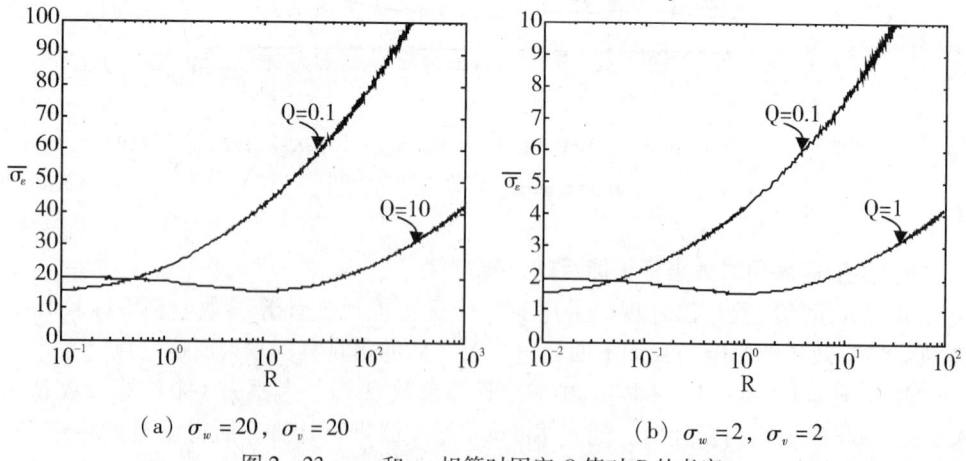

(a) $\sigma_w = 20$，$\sigma_v = 20$　　　　　(b) $\sigma_w = 2$，$\sigma_v = 2$

图 2-23　σ_w 和 σ_v 相等时固定 Q 值对 R 的考察

通过对比（a）、（b）两组的仿真结果，我们可以发现，除了纵坐标、横坐标都增加了一个数量级以外，两条曲线的形态是相似的。在第（2）组的对比案例中，我们验证一下当过程激励噪声 σ_w 和量测噪声 σ_v 不相等时，是否具有同样的规律。

（2）当过程激励噪声 σ_w 和量测噪声 σ_v 不相同时的对比。

图 2-24 中（a）、（b）分别代表两个仿真实验，互为对比。两个实验都是分别固定计算参数 Q 的值，考察另一个计算参数 R 在 0.1 到 1000 的范围内变化时，通过 Kalman 滤波器进行计算，所得误差的标准差。所不同的是：在图 2-24（a）中，$\sigma_w=8$，$\sigma_v=19$；而在图 2-24（b）中，$\sigma_w=0.8$，$\sigma_v=1.9$。

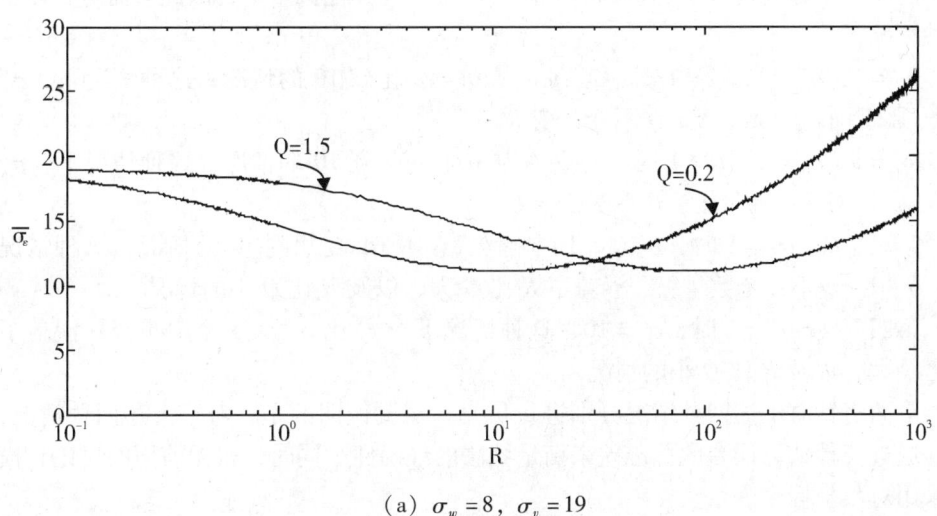

(a) $\sigma_w=8$，$\sigma_v=19$

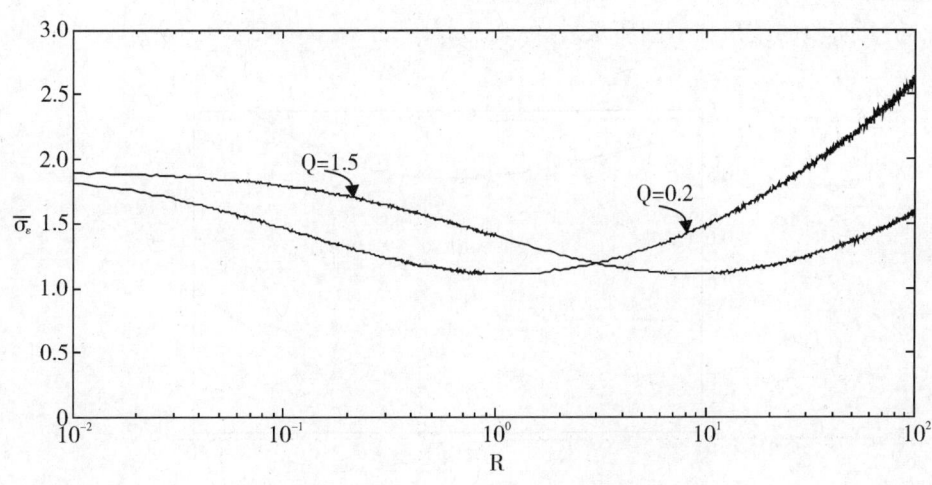

(b) $\sigma_w=0.8$，$\sigma_v=1.9$

图 2-24　σ_w 和 σ_v 不相等时固定 Q 值对 R 的考察

通过对比（a）、（b）两组的仿真结果，我们可以发现，除了纵坐标、横坐标都增加了一个数量级以外，两条曲线的形态是相似的。

如此一来，我们得到一个非常好的结论：当我们利用一组参数值来进行仿真实验，得到 Kalman 滤波器的计算规律以后，该规律可以推广到其他数量级。从而可以大大地减少仿真样本的数量。由此，我们可以用少数若干个样本来进行仿真实验，从而探求计算参数的设置规律。

2.3.3 仿真结果分析

前面已经分析过，仿真得到的规律可以推广到其他数量级，因此只需考查以下四种情况：

$\sigma_w = 1$，$\sigma_v = 1$，$Q = 1$ 时，考察 R 从 0.1 变化到 10 的情况；这种情况下，σ_w 和 σ_v 属于同一个数量级，Q 不变，变 R。

$\sigma_w = 1$，$\sigma_v = 1$，$R = 1$ 时，考察 Q 从 0.1 变化到 10 的情况；这种情况下，σ_w 和 σ_v 属于同一个数量级，R 不变，变 Q。

第三，$Q = \sigma_w = 1$ 时，$\sigma_v = 0.1$，考察 R 从 0.01 变化到 10 的情况；这种情况下，σ_v 比 σ_w 小一个数量级，涵盖了 R 比 Q 大，以及 R 比 Q 小的情况。

第四，$Q = \sigma_w = 1$ 时，$\sigma_v = 10$，这种情况下，σ_v 比 σ_w 大一个数量级，涵盖了 R 比 Q 大，以及 R 比 Q 小的情况。

下面将针对上述四种情况分别进行仿真。需要说明的是，对于上述四种情况，均是通过统计估算误差的标准差来衡量算法的准确性。同时，根据前面的讨论，横轴采用对数坐标来表示。

1. $\sigma_w = 1$，$\sigma_v = 1$ 时，固定 $Q = 1$，考察 R 从 0.1 变化到 10 的情况

仿真实验的结果如下图所示。

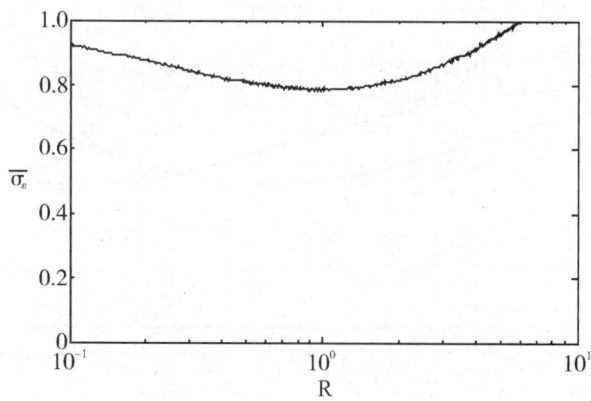

图 2-25 $\sigma_w = 1$，$\sigma_v = 1$ 时，固定 $Q = 1$，不同的 R 所对应的估算误差的标准差

从上图中可以看出，当 σ_w 和 σ_v 属于同一个数量级时，固定 $Q = \sigma_w = 1$，当 $R = \sigma_v$ 时，估算误差最小，且小于 σ_w 和 σ_v 其中的任何一个。这就初步向我们传递了一个信息：如果能知道测量噪声 σ_v 的真实值，由此来设置计算参数 R 的话，基于 Kalman 滤波器的估算能取得最佳的效果。下面的仿真实验将进一步对变化的 Q 值来进行考量。

2. $\sigma_w = 1$，$\sigma_v = 1$ 时，固定 $R = 1$，考察 Q 从 0.1 变化到 10 的情况

仿真实验的结果如下图所示。

从上图中可以看出，当 σ_w 和 σ_v 属于同一个数量级时，固定 $R = \sigma_v = 1$，发现当 $Q = \sigma_w$ 时，估算误差最小，且小于 σ_w 和 σ_v 其中的任何一个。由此可见，如果能知过程噪声 σ_w 和测量噪声 σ_v 的真实值，由此来设置计算参数 R、Q 的话，基于 Kalman 滤波器的估算能取得最佳的效果。

比较图 2-25 和图 2-26，我们还发现当 $\sigma_w = 1$，$\sigma_v = 1$ 时，$Q = 1$，$R = 0.1$ 时，估算误差的标准差小于 1；而当 $\sigma_w = 1$，$\sigma_v = 1$ 时，$R = 1$，$Q = 0.1$ 时，估算误差的标准差却大于 1。这个需要结合前面 2.1 节中的式子（2-8）～（2-13）来进行理解：

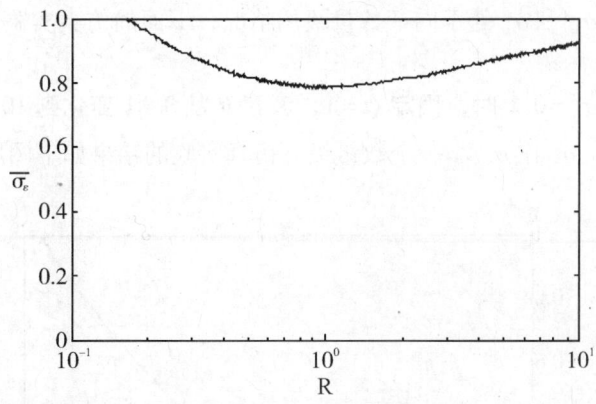

图 2-26　$\sigma_w = 1$，$\sigma_v = 1$ 固定 $R = 1$，不同的 Q 所对应的估算误差的标准差

首先，从式子（2-8）～（2-13）可知 Kalman 增益 K_k 满足 $0 \leq K_k \leq 1$，由式（2-12）可以看出，K_k 越靠近 0，表明在评价的过程中更看重通过状态方程对估算值 x_k^* 的滤波平滑作用；反之，若 K_k 越靠近 1，表明在评价过程中更看重的是通过量测方程对估算值的修正作用。

其次，在第一种情况下，当 $Q = \sigma_w = 1$ 时，R 越小，Kalman 增益 K_k 越靠近 1，估算越依赖于测量值。然而，由于测量值本身带有的误差 $\sigma_v = 1$，用这样的测量值来评价估算值 x_k^*，当然就会引入较大的误差了。可以想见，随着 R 越来越小，Kalman 滤波器退化为纯粹依赖于测量值的测量了，状态方程的滤波作用消失了，

则估算的误差就完全等于 σ_v 了。对于 SoC 的估算而言,这相当于直接用测量到的电压来评价 SoC,就类似于传统的"开路电压法"(即 OCV 法)了。

再次,从式子(2-8)~(2-13)可见,真正对 Kalman 增益 K_k 增益起作用的,是 R 与 Q 的比值。通俗一点说:"这两个计算参数之中,谁更小,那么评测估算值 x_k^* 的时候就更相信谁。"在第二种情况下,当 $R=\sigma_v=1$ 时,Q 越小,就相当于"分薄"了量测方程的权重,Kalman 增益 K_k 越靠近 0,估算值越依赖于状态方程(即相当于依赖于上次估算值 x_{k-1}^*),而不再受测量值约束了。可以想见,随着 Q 越来越小,SoC 估算就基本上依赖于状态方程,而不受外电压测量值的约束了,而状态方程与激励电流相关,这就相当于 Kalman 滤波器退化成为了传统的"电流积分法"(即 CC 法)了。在笔者的上一本书中,已经讨论过,这种 SoC 估算的算法是不能消除累计误差的,即迭代运算的步数越多,累计误差越厉害。

由此,可以发现一个重要的结论:如果合理地设置了 Kalman 滤波器的参数,基于 Kalman 滤波器的 SoC 估算算法相当于在传统的电流积分法和开路电压法中综合了两种算法的优点,消除了两种方法中由于白噪声所引起的误差。Kalman 滤波器之所以能够做到这点,是因为它用统计的方法,有助于消除那些均值为 0 的偶然性的随机误差。

以上分析了 σ_w 和 σ_v 处于同一数量级的情况,下面的仿真实验,就属于两者数量级不同的情况。

3. $\sigma_w=1$,$\sigma_v=0.1$ 时,固定 $Q=1$,考察 R 从 0.01 变化到 10 的情况

这种情况下,σ_v 比 σ_w 小一个数量级,仿真实验的结果如下图所示。

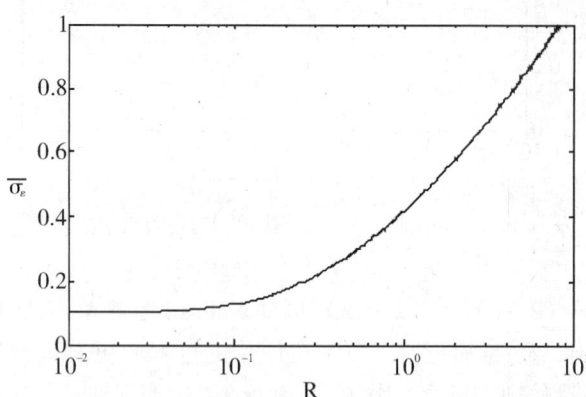

图 2-27 $\sigma_w=1$,$\sigma_v=0.1$ 时,固定 $Q=1$,不同的 R 所对应的估算误差的标准差

从图中可见两个规律:

第一,在 $R \geq 0.1$ 时,R 越小,所对应的估算误差越小,并且趋向于 0.1;

第二,当 $R<0.1$ 时,估算误差基本上不再随 R 变小了,而是稳定在 0.1。

得到这样的规律是有原因的。首先，σ_v 比 σ_w 小一个数量级，在进行 Kalman 滤波的过程中，更应该信任测量方程。如果 R 越小，则在运算过程中的 Kalman 增益 K_k 越靠近 1，恰好使得测量方程所起的作用越大，因此估算的误差更小。然而，由于 $\sigma_v = 0.1$，就算 Kalman 滤波器完全信任测量方程（虽然状态方程的误差比较大，$\sigma_w \gg \sigma_v$，但此时相当于 Kalman 滤波器已经基本上不采纳状态方程的滤波值了），但估算误差不可能比 0.1 更小了，因此当 $R < 0.1$ 时，估算误差基本上不再随 R 变小了，而是稳定在 0.1。

从这个仿真实验我们也可以得到两个基本结论：

其一，对于 Kalman 滤波器来说，如果能够使得计算参数与实际参数相等，即 $Q = \sigma_w$，$R = \sigma_v$，这样的情况是最理想的，将会使得估算误差最小。

其二，一般而言，如果 σ_w 和 σ_v 能在同一个数量级，Kalman 滤波器能取得理想的效果，即状态方程有助于克服测量的随机误差，同时，量测方程有助于消除模型误差和激励噪声。如果 σ_w 和 σ_v 不在同一个数量级，则 Kalman 滤波器的效果相对就会退化。

4. $\sigma_w = 1$，$\sigma_v = 10$ 时，固定 $Q = 1$，考察 R 从 0.1 变化到 100 的情况

这种情况下，σ_v 比 σ_w 大一个数量级，仿真实验的结果如下图所示。

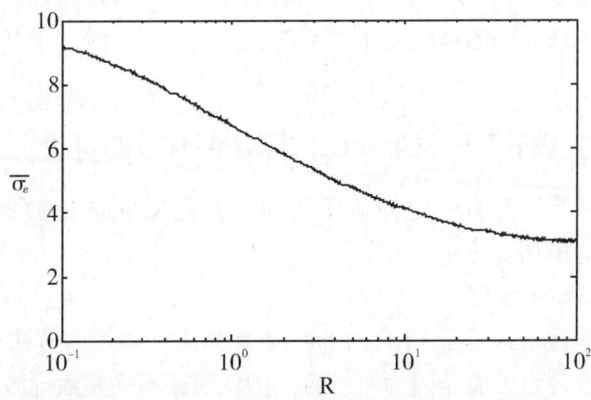

图 2-28 $\sigma_w = 1$，$\sigma_v = 10$ 时，固定 $Q = 1$，不同的 R 所对应的估算误差的标准差

从图中可见两个规律：

第一，算法的估算误差普遍偏大，且大于 2；

第二，R 越大，估算误差越小。

对以上的规律可以这样理解：首先，σ_w 比 σ_v 小一个数量级，在进行 Kalman 滤波计算的过程中，更应该信任状态方程，而不应该信任测量值。如果 R 越大，则在运算的过程中的 Kalman 增益 K_k 越靠近 0，恰好使得状态方程所起的作用越大，因此估算的误差更小。其次，由于 $\sigma_v = 10$（比 σ_w 要大一个数量级），使得在计算过程中，即使当 R 比较小时，测量值 z_k 完全起不到对状态量误差的修正作用，估算误差仍然比较大（大于2）。

从这个仿真实验我们也可以得到一些基本结论：

其一，在 σ_v 比 σ_w 大很多的前提下，量测方程的作用是不足取的，此时 R 已经和 σ_v 没有多大关系了。对于电池管理系统而言，R 设得越大，则使得状态方程的权重更重一些，使得基于 Kalman 滤波器的 SoC 估算算法退化成为了电流积分法。

其二，也是最核心的结论，即对于 Kalman 滤波器来说，真实值 σ_v 的大小是整个算法精度的核心，如果 σ_v 比 σ_w 大，则无法消除整个迭代过程中的累计噪声。对于电池管理系统而言，电压传感器的精度还是整个 SoC 估算的核心，如果电压传感器精度不足，则整个算法的精度就难以保证了。

2.4 小结

SoC 估算对于 BMS 的重要性是不言而喻的。从上一本书到本书，我们花了较大的篇幅来讨论如何利用扩展 Kalman 滤波器（EKF）来对 SoC 进行估算，其原因是该算法较之于纯粹的电流积分法、开路电压法等更加全面地考虑了电池在工作过程中的等效电路模型，以及考虑到电流、电压传感器的噪声特性，因此具有比较高的准确性。而且，该算法的算法复杂度不高，实时性好，较之于其他复杂算法又具有更好的可行性。

2.4.1 关于基于 EKF 的 SoC 估算是否有效的讨论

事实上，任何算法都有一定的适用范围，扩展 Kalman 滤波器也不是万能的，以下我们对此进行梳理。

1. 对 EKF 认识的误区

最近有不少同行认为基于 EKF 的 SoC 估算算法不实用，解决不了问题，从某种意义上来说，或许有可能是因为对该算法的认识还不完整而导致的。

第一，对电池的模型认识还不充分。从前面的分析可知，电池模型的准确性对 SoC 估算的精度是很重要的。因此，在使用 Kalman 滤波器之前要对电池模型的准确性进行评估。例如，电池的最大容量是否考虑到了电池的劣化（老化）等因素，电池的内部阻抗是否考虑了温度因素、电池劣化（老化）因素，等等；这些问题如果没有好好解决，Kalman 滤波器的执行效果自然不好，因此不能由此而指责该算法不准确。

第二，对计算参数如何设置的理解还不到位。由于之前的文献很少讨论 Kalman 滤波器中两个重要的计算参数，大多数使用 Kalman 滤波器来估算 SoC 的算法对于两个参数都是随意设置的，得不到好的效果也是顺理成章的了。

2. 关于 Kalman 滤波器的适用范围

从上面 2.3 节的分析可知，一般而言，只有当真实值 σ_v 与 σ_w 在同一个数量级，或者 σ_v 略大于 σ_w，使用 Kalman 滤波器进行估算才有意义。下面分三种情况讨论：

（1）当真实值 σ_v 与 σ_w 在同一个数量级时，如果参数设置得当（即参数 Q、R 的设置与真实值 σ_v 与 σ_w 大小相仿），则量测方程和状态方程能够互相取长补短，从而能使估算的误差小于 σ_v 或者 σ_w 之中的任何一个。

（2）如果 σ_v 比 σ_w 大一个数量级，就是测量值不是太准的情况下，如果参数设置得当，则可以通过状态方程，缓解由于观察传感器不准确而造成的测量误差。如果量测矩阵 $H = 1$，则引入 Kalman 滤波器可以使得最终的估算误差小于原有的 σ_v。

（3）如果 σ_v 比 σ_w 小一个数量级，那么量测方程占了绝对的主导地位，相当于直接使用测量值来对对象进行测量，而使用滤波器来"过滤"测量噪声的效果就不明显了。需要注意的是，虽然此时 Kalman 滤波器的作用不明显，但至少不会比直接测量电池两端电压的方法差，通俗而言，就是"用了总比不用好"。

2.4.2 关于如何使用 Kalman 滤波器的一些细节

为了能用好 Kalman 滤波器，必须充分理解其特性，掌握使用技巧。本小节对使用 Kalman 滤波器进行计算的一些细节进行说明。这些细节具有一定的通用性，在 SoC 估算以外的其他场合也基本适用。

1. 关于计算参数的设置问题

无论如何，如果能够得到 σ_v 与 σ_w 的具体数值，并在计算过程中设置 $R = \sigma_v$，$Q = \sigma_w$ 的话，则估算的效果最好。如果不能得到两者的真实值，那么 R、Q 对于滤波器计算效果的影响就要具体问题具体分析了，不合理地设置 R、Q 的值，将会使 Kalman 滤波器的运算效果变得非常糟糕，甚至还不如不用 Kalman 滤波器来进行估算。

在某些情况下，如果不知道 σ_v 与 σ_w 的具体数值，可以利用 2.3.3 的规律。如图 2-27 可知，如果不知道 σ_v 的具体数值，但可以知道 σ_v 比 σ_w 小的话，不妨在计算的时候把 R 设小一点。这样，虽然使用了 Kalman 滤波器不能收到最佳的效果，但至少比不使用 Kalman 滤波器的情况要好。

2. 如果 x_k 是多维变量的情况

为了简单起见，前面的仿真实验，都是对于单个变量而言的，x_k 中只有一个元素。然而，Kalman 滤波器是适用于多维的状态向量的，那么对于多维状态向量的情况，则需要对向量中的每个元素单独进行分析。例如，从本章的式子（2-3）或（2-4）可见，状态向量中的每个元素都可以独立写成一个状态转移方程，则可以通过每个独立的方程求出"过程激励噪声";同理,对于量测方程而言,如果观察向量 z_k 是多维的,也可以针对每个元素独立写成一个量测方程,并通过每个独立的方程求出"量测噪声"。

3. 以上分析对于扩展 Kalman 滤波器仍然适用

在实际工作中,SoC 估算采用的是扩展 Kalman 滤波器的;但上述的讨论、分析都是针对一般 Kalman 滤波器的。然而,不难通过理论推导发现,以上所总结的规律对于扩展 Kalman 滤波器也是基本适用的。即可以将利用以上的结论用于基于 EKF 的估算算法之中。

2.4.3 本章的主要贡献

本章有两个创造性的工作:其一,建立了一套过程仿真的方法,充分分析了基于 EKF(扩展 Kalman 滤波器)的 SoC 算法的误差谱,分析了各种可能造成误差的因素,并对每种因素可能引起的误差大小作了定量分析。其二,分析了 Q、R 两个计算参数的设置依据,并对由于这两个参数设置不准确而造成的误差的各种可能的情况作了较为全面的分析;在以往的文献中,关于这两个计算参数如何设置的问题,不少同行都是含糊其辞或者避而不谈的。

为了合理设置两个计算参数的数值,这里给出两个建议:其一,对系统的误差(噪声)以及传感器的误差(噪声)进行细致的建模、分析,使得计算参数尽可能接近其真实值;其二,不妨以动态的观点来看待这些计算参数,不要认为它们是一成不变的,而是通过动态的方法不断对它们进行合理的更新。

第三章 关于动力电池劣化（SoH）的研究

电池的劣化（battery degradation）有许多近义词或者相关的概念，例如电池的衰减、电池健康状态（state of health，SoH），电池的寿命等等。本章之所以讨论"劣化"而不是其他，主要原因有两点：第一，相对于 SoH 而言，劣化可以用比较明确的指标来描述；第二，相对于"寿命"而言，劣化的信息量更为丰富。然而，正如影响人的衰老与健康有多种因素，造成电池劣化的因素较多，至今没有一个非常完善的方法来描述电池劣化。然而，对电池劣化的研究又是迫切的，它将关乎如何使用、维护电池以及如何管好电池。本章将重点讨论什么是电池的劣化，为何要研究电池的劣化以及如何开展电池劣化的研究等内容。

3.1 动力电池劣化的定义及其评价指标

研究一个课题，首先应该明确所研究的对象的基本概念。本节将辨析电池劣化、电池寿命、电池的 SoH 等概念，并讨论以何种指标来描述一个电池的劣化。

3.1.1 电池劣化与电池寿命的关系

讨论电池寿命，我们发现其在概念上与人的寿命有两点类似：第一，严格来说，只有当生命终结以后，才真正知道寿命的确切数值；在生命结束之前，寿命只能预测。第二，寿命是针对个体的，即同一个品牌、同一个型号的两个不同的电池，用在不同的场合，其循环寿命是不一致的。

衡量电池的寿命可以分为循环寿命与日历寿命。本小节首先讨论这两种寿命的定义，然后辨析它们与电池劣化之间的关系。

1. 电池的循环寿命（Cycle Life）

一般来讲，电池的一次充、放电过程称为一个循环。一个电池从被制造出来开始算起，直到不再被使用为止，期间所经历的循环的次数，称为电池的循环寿命。关于电池的循环寿命，可以作以下的一些讨论。

（1）电池的循环寿命与电池本身的制造工艺有关，也与电池在整个生命周期中的工作条件（包括每次放电的深度，充、放电倍率，工作温度等）有关。

（2）对于某些在特定条件下工作的电池来说，循环寿命是难以统计的，例如对于安装在混合动力车上的动力电池来说，可能在一分钟之内，电池经历了许多个充、放电的过程，但每个过程的历经时间都很短。在这种工作条件下，要统计电池的循环寿命是很困难的。

（3）关于电池失效标准的定义。"一个电池使用到了什么程度就不能再用了"这个问题是一个关于电池失效的定义问题，从某种意义上来说，这个问题是有弹性的。一般地，可以从三个方面来制定电池失效的标准：第一，电池存在安全问题，即电池继续工作将可能诱发事故了，这种情况一般对应于电池的物理损坏；第二，电池的实际容量低于某个值，如低于额定容量的60%或者80%以下，其中80%为行内的惯用指标；第三，电池容量虽然不低，但是性能下降到不足以满足负载的要求，例如由于电池内阻过大，不能进行大电流放电了。

（4）从第（3）点可见，对于不同的应用场合，电池失效的标准可以是不同的，因此，有不少学者提出，可以对不同领域的电池制定不同的失效标准，使得电池可以进行梯次利用。例如，对于电动汽车而言，失效标准定为："容量下降到额定值的80%，等效内阻上升到新电池的2倍"；而对于储能系统而言，失效标准定为："容量下降到额定值的60%，等效内阻上升到新电池的5倍"。

（5）为了比较两个厂家的动力电池产品的寿命，往往需要统一评判的标准，因此，人们常常定义标准化的测试条件，使得电池寿命的指标具有一定的可比性。例如我国的汽车行业标准（QC/T 743-2006）就规定循环条件为："以恒流-恒压两段法对电池进行充电，以0.5C的倍率对电池进行放电，放电深度为电池额定容量的80%"。并定义电池的失效条件为："电池的评测条件小于额定容量的80%"。作了以上统一的规定以后，就可以对两个厂家之间的动力电池产品的寿命进行横向比较了。

2. 电池的日历寿命（Calendar Life）

一个电池从被制造出来开始算，直到不再被使用为止，期间所经历的天数，称为电池的日历寿命。类比于电池的循环寿命，我们也需要作一些讨论：

（1）电池的日历寿命，往往混杂着电池的循环寿命，即电池日历寿命的长短与电池是否被使用、怎么样被使用是相关的。

（2）因此，有人在研究电池的时候，把电池的"储存寿命（storage life）"单独剥离开来研究。即在电池制造出来以后，不对电池进行充放电操作（或者只对电池做少量的几次充放电操作），然后把电池以一定的条件存放起来，等待电池的衰老，直到电池衰老到不能被继续使用为止，评判电池的日历寿命。

（3）与循环寿命的定义相类似，电池的储存寿命除了与电池本身的制造工艺有关以外，还和另外两个问题相关，即如何定义电池失效的评判标准，以及电池的储存条件如何。

（4）研究电池的日历寿命，是一个漫长的过程。依照目前电池的制造水平，在室温条件下，通过闲置一个电池的方式来使一个电池衰退到不能使用为止，需要一个漫长的过程。因此，许多厂家在对电池选型的时候采取了加速老化的方式。即将电池放在较高的温度条件内，加速其老化的过程，并把高温下电池的寿命折算为电池的日历寿命。然而，这样的折算方式，毕竟与真实的电池衰老过程有所差异，所折算出来的日历寿命与真实的寿命相比也是不够准确的。

3. 电池劣化与电池寿命的联系与区别

"电池劣化"与"电池寿命"之间既有联系,又有区别。

首先,电池从使用开始性能将逐步下降,这是一个不可逆的过程,所以电池的劣化程度越高,越接近寿命的终点。因此,可以借助对电池劣化程度的评价来对电池剩余的寿命进行预测。

其次,电池也会出现"猝死"的现象。即使用电池的方法不恰当,在使用的过程中电池会出现突然失效的现象。例如,昨天对电池进行容量评测,电池的剩余容量还有额定的90%,而今天电池就有可能失效、不能使用了。在我们之前的实验中,把电池放置到0℃的温箱之内,进行大电流充放电,由于部分粒子在低温下结晶,刺穿了隔膜,使得电池的容量突然从额定的95%衰减至不到10%,这样电池基本上就失效了。

有以下的案例:如果在过去一年中,电池从初始容量衰减为90%,如果按照这样的方法继续使用一年,是否就会衰减到80%左右呢?这样的预测是有一定的道理的,在大量的实验中,这种近似线性的规律是成立的。然而,我们也观察到这样的现象:就是电池的劣化程度上升到一定阶段的时候,由于内阻的增大,发热量显著增加,电池出现了加速老化的现象。如下图所示。

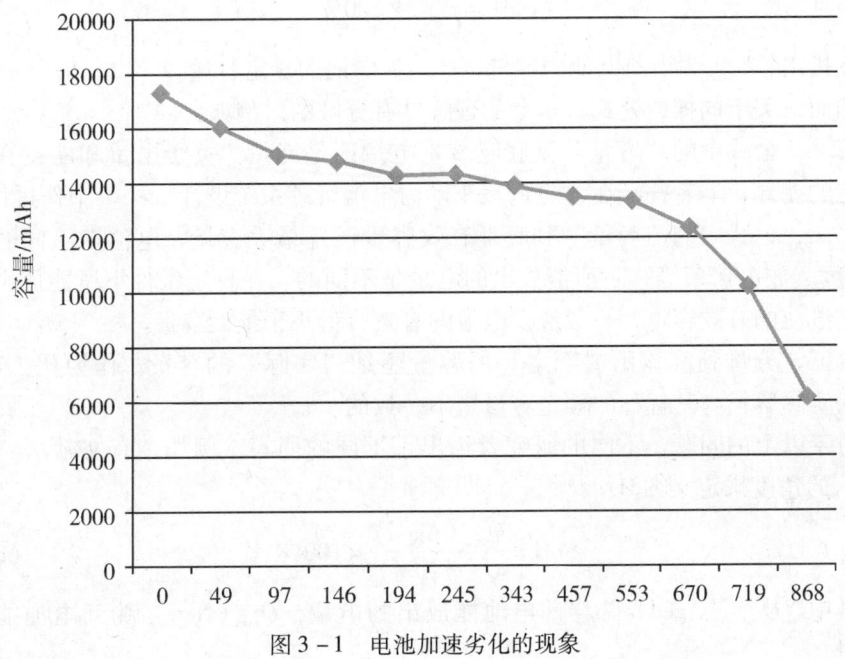

图 3-1 电池加速劣化的现象

如此一来,我们就可以理解"电池劣化程度"与"电池寿命"之间是既有联系、又有区别的。

3.1.2 电池劣化与电池 SoH 的关系

如果把"电池管理系统"理解为一个新兴的学科的话,那么这个新兴学科在当前阶段仍然有许多概念的定义还是不清晰、不完备的。在笔者的第一本书中,曾指出"SoC"这一重要的概念当前缺乏统一的定义,导致在研究过程中、项目验收过程中,常常存在很多模糊的表述。本书所讨论的"SoH"也属于此类"重要的"、"常用的"却又"模糊的"概念之一。本小节将对国内外关于 SoH 概念的理解进行一些简单的回顾,并尝试给出笔者的观点,以便为本学科今后的理论发展提供一些参考。

1. 当前对 SoH 这一概念的几种主流的理解

当前国内外在 SoH 这一概念上还缺乏统一的定义,业界对此的见解也各有差异。然而,总结起来,同行们对于 SoH 的理解主要体现在容量、内阻、峰值功率和循环次数等几个方面。下面给出几种主流的理解。

(1) 用容量或者放出电量的能力来定义 SoH[51~54]

翻查近年的文献,被采用最多的关于 SoH 的数值定义,就是把它与容量的衰减对应起来,于是有不少文献都直接给出了以下的公式

$$\text{SoH} = \frac{C_{\text{aged}}}{C_{\text{rated}}} \times 100\% \tag{3-1}$$

并指出,C_{aged} 为当前电池的容量,C_{rated} 为电池的额定容量。

然而,关于同样的公式,学者的理解是有分歧的。例如:

第一,公式中的"容量"到底应该是电量还是能量?关于电量和能量在这一概念上的差异,笔者曾经在《电动汽车动力电池管理系统设计》一书中作过讨论。

第二,公式中的"容量"到底是有效容量还是最大容量?电池在不同的条件(如温度、放电倍率等)下所能放出的电量是不同的,在特定条件下所能放出的电量才是电池的有效容量,一般地,电池的有效容量小于最大容量。

第三,分母到底该用"额定"的容量还是"实际"的容量?作为化工产品,电池的实际容量与其标称的额定容量是不一致的。

对于以上的问题,不同的研究者给出了不同的回答,例如,有文献从"放出电量"的角度来定义 SoH:

$$\text{SoH} = \frac{Q_{\max}(\text{Aged})}{Q_{\max}(\text{New})} \times 100\% \tag{3-2}$$

其中,$Q_{\max}(\text{Aged})$ 为当前电池能放出的电量,$Q_{\max}(\text{New})$ 为新电池能放出的电量。

然而,对于以上的分歧,有些文献甚至没有给出正面的回答。笔者认为,在不给出统一定义的前提下对这一问题进行讨论是不合适的,对学科的长远发展也不利。

(2) 用内阻来定义 SoH[50]

有不少文献提到电池衰退主要体现为欧姆电阻的增大；同时，也有不少学者认为几乎所有类型的电池寿命终结的原因都是增加阻抗和相应的功率损耗。可见"电池的老化"与"内阻的增加"是相生相伴的，即内阻的增加既是电池老化的表现，也是电池进一步衰退的原因。

因此，也有学者把内阻作为 SoH 的定义，即

$$\text{SoH} = \frac{R_{EOL} - R}{R_{EOL} - R_{new}} \times 100\% \quad (3-3)$$

其中，R_{EOL} 为电池寿命终结时刻的内阻值，R_{new} 为新电池的内阻值，R 为当前时刻的内阻值。

以上的定义当然存在着不少的问题。其中最突出的问题就是没有考虑到内阻是如何测得的。因为我们都知道，内阻的数值是 SoC、温度等多个自变量的函数，如果不给定内阻的定义来讨论"SoH"的数值是不合适的。

(3) 用动力电池的剩余循环次数来定义 SoH[55]

除了容量、内阻等之外，也有学者将 SoH 定义为电池可用的剩余循环次数与电池循环的总寿命之比。然而，由于电池在使用过程中不确定因素多，无法对电池之后的使用环境进行预测，也无法准确预测剩余的循环次数，因此这样定义的可操作性不强。

2. 笔者的观点及电池劣化与 SoH 的关系

以上我们列举了几种对于 SoH 概念的主流理解，似乎很多人都倾向于用量化的指标来定义 SoH，对此，笔者并不完全赞成。笔者认为，以上的量化性的理解，可以认为是狭义 SoH 的定义，而广义 SoH 的定义，应该恢复到这个概念的字面本身。既然 SoH 是 state of health 的缩写，这一概念的字面意义就是电池健康状态，而电池的健康状态就应该包括"电池的失效"与"电池的劣化"两个部分，如下图所示。

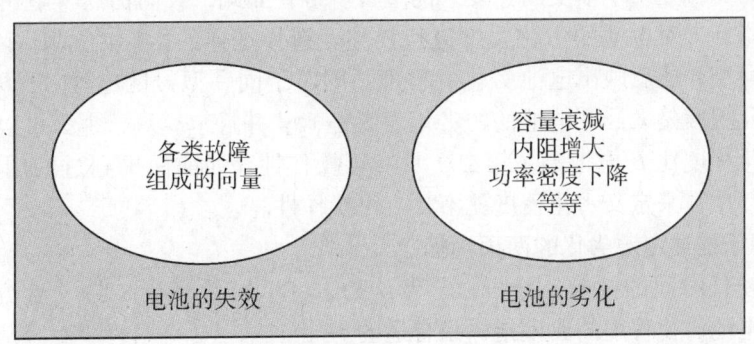

图 3-2 广义的 SoH 包含两部分的概念

(1) SoH 应该包含电池失效的预警向量

在 2004 年,Gregory L. Plett 曾经在他的一篇较为经典的论文[3]中提出过,以故障向量的形式来描述电池的 SoH,即 $\vec{s} = [s_1, s_2, s_3, s_4, s_5, s_6, s_7, \cdots]$,其中 s_k (k = 1, 2, 3, 4, 5, 6, 7, $\cdots$) 为向量中的分量,取值可以是 0 或者 1,其中,每个分量的含义如下:

- s_1:电池的电压是否过低或过高?(1 代表"是",0 代表"否",下同。)
- s_2:电池的电流是否过高?
- s_3:电池的温度是否过低或过高?
- s_4:电池的 SoC 是否高于或低于额定范围?
- s_5:电池的自放电率是否高于可接受范围?
- s_6:电池的容量是否衰减至低于可接受的最小值?
- s_7:电池的内阻是否高于某个范围?
- ……

笔者认为,如上定义的状态向量 $\vec{s}$,很贴近"健康"这个概念的字面意思,应被考虑到 SoH 的概念之中去。

(2) SoH 也包含衰减、老化后的量化指标,归为"电池劣化"。

在定义了电池的失效预警向量之后,就可以把一些可量化的指标作为补充,来描述电池的"健康"状态。这些指标是随着电池的使用不断变差的,因此我们把它统称为电池劣化的指标。笔者认为,"电池劣化"应该包含于广义 SoH 的概念之中,是用来描述电池随着使用过程不断衰退的、可以进行定量描述的那一部分的指标。至于选择什么指标来描述电池的劣化更加合适,这是下一小节讨论的内容。

从图 3-2 来看,SoH 的概念比电池失效、电池劣化两个概念加起来的总和还要大,只不过上述两者便于以数学的形式来进行描述,可操作性强。

3.1.3 描述电池劣化的主要指标

电池的劣化是一个渐变的、复杂的过程。尽管如此,我们仍然希望找到一些可以量化的指标,对电池的劣化程度进行描述。选择这样的指标的原则有两点:第一,指标典型,能反映出电池劣化的程度。即对于同一型号的电池 A、B,如果 A 电池的劣化程度是 x_A,B 电池的劣化程度是 x_B,并且 $x_A > x_B$,那么可以判断出 A 电池的劣化程度比 B 电池高。第二,具有可操作性。如前面提到过的用动力电池的剩余循环次数来定义劣化程度就不具有可操作性。

1. 用于描述电池劣化的两项指标

经过较长时间的试验、分析,笔者认为,将"容量衰减"与"直流内阻谱"作为评判电池劣化程度的典型指标是合适的。

(1) 容量的衰减(Capacity Loss)

对于狭义 SoH 的概念,"电池的当前容量"是一个应用较广的,被公认为最能体现动力电池劣化的外特性的评价指标。IEEE 1188-2005 标准和 USABC 也共同建议以"电池的容量"作为衡量动力电池劣化程度的参数。为了使容量的衰减指标具有较强的可比性,我们在这里对容量的衰减进行如下的定义:

$$C_{\text{loss}} = (1 - C_t/C_{\text{rated}}) \times 100\% \qquad (3-4)$$

其中,C_t 为电池在某个时刻 t 的最大容量,C_{rated} 为电池出厂时的额定容量,以百分号作为最终的单位将使得这一指标更为直观,更具有可比性。

在实际操作中,以上的定义要注意两个问题:

第一,作为电池当前的最大容量,C_t 和温度有一定的相关性,不妨定义这一容量就是电池在 20℃ 下的最大荷电容量。

第二,对于新电池而言,常常会出现 $C_t > C_{\text{rated}}$ 的情况,这样算出来的 C_{loss} 将会是一个负数。这是允许的,因为我们认为,C_{loss} 的数值越大,电池的劣化程度越高,如果 C_{loss} 出现负数,就表明该电池的劣化程度不高。

第三,为了 C_{loss} 不出现负值,也可以把式子(3-4)的分母设为该电池最初的容量 C_{initial}。然而,这样的定义在大功率电池组中的可操作性相对较差,因为对于同一厂家、同一型号的电池来说,各个电池的 C_{rated} 是一致的,而 C_{initial} 是不一致的,如果把式(3-4)的分母设为 C_{initial},那么就意味着要对每个电池在使用之前都进行一次容量测定,而且这样一来,会削弱两个电池之间的 C_{loss} 的可比性。(因为这样的话,两个电池的 C_{loss} 的分母是不一致的。)

(2) 直流内阻谱

电池在带负载工作和不带负载工作这两种不同的状态下,其正负极两端的电压是有差别的,表现出了内阻的特性。电池内阻的成因与数值的确定比较复杂,如果不规定好一定的条件,则难以得到一个确定的数值。

电池的内阻值主要与温度、电池的荷电状态(SoC)以及电池的劣化程度相关。大量研究表明,如果在前两个条件不变的情况下,用恒定的电流对电池进行放电,则得到的电池内阻能反映电池的劣化程度。

图 3-3 所示为某电池在特定的温度、特定的劣化程度下,电池的充、放电内阻与 SoC 之间关系的曲线。

在实际操作中,如果规定放电电流方向为正方向,则内阻的数值可以通过下式进行定义:

$$r(\text{SoC}) = \frac{\Delta U}{I} = \frac{E_B(\text{SoC}) - U_L}{I} \qquad (3-5)$$

其中,I 为电池的工作电流,E_B 为电池的平衡电势,它是 SoC 的函数,U_L 为电池带上负载工作时正负极两端量得的工作电压。

以往利用电池内阻来定义劣化程度的方法,如前面提到的式(3-3),往往希望用一个数值来反映 SoH。然而,从上面的定义可见,内阻 r 与 SoC 有关,因此在评价电池劣化的时候,往往不是采取"一个内阻值",而是"内阻谱的曲线"。

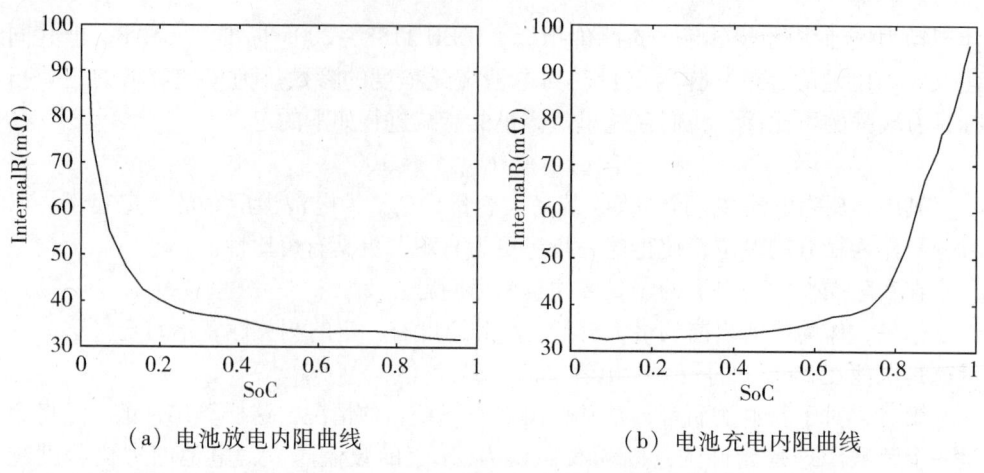

(a) 电池放电内阻曲线　　　　　(b) 电池充电内阻曲线

图 3-3　某电池的充、放电内阻特性曲线

下图是某个电池在特定温度下，进行深度循环测试，每隔 50 个循环对电池放电内阻谱进行一次评测的结果。从图中可见，随着电池循环次数的增加，电池的内阻谱呈现出单调增加的趋势。

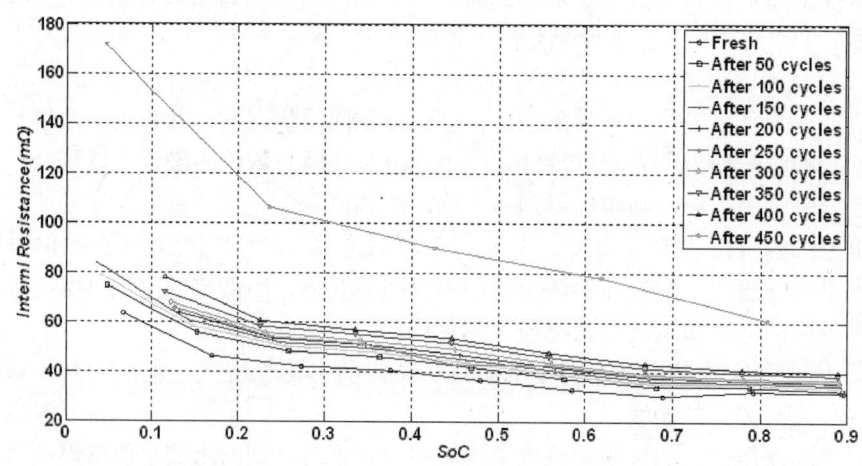

图 3-4　电池劣化过程中内阻谱的增加

至于如何获得直流内阻谱，可以通过严格制定测试步骤来对电池进行测试、分析。测试过程中有许多细节，例如：如何定义充满，如何定义放空，充、放电电流取多大的倍率等，都需要进行定义。在笔者的上一本书的第四章，曾对这些细节问题与测试步骤进行了详细的分析，此处不再赘述。

2. 不适合用于描述电池劣化的指标

在对电池劣化特性的研究过程中,笔者也曾尝试过利用其他一些指标来表征,但发现其显著性不强,不适合用来描述电池的劣化程度。在此,我们分享其中的两个,以便引起读者的思考。

(1) 交流阻抗谱

有的国内外文献认为电池的交流阻抗可能与电池的劣化有关。一种可能的阻抗谱如图 3-5 所示[64]。然而,笔者认为,不适合用交流阻抗谱来表征电池的劣化程度,主要原因有三点:

第一,交流内阻谱不稳定,对于同一型号的不同电池、不同温度条件、不同的 SoC,差异较大;

第二,谱线形态复杂,参数辨析很困难,只是建议用模糊逻辑法处理;

第三,交流阻抗的测试需要依靠 EIS 设备,操作复杂,不可能用于在线测试,实用性不高,仅仅适用于实验室内的研究。

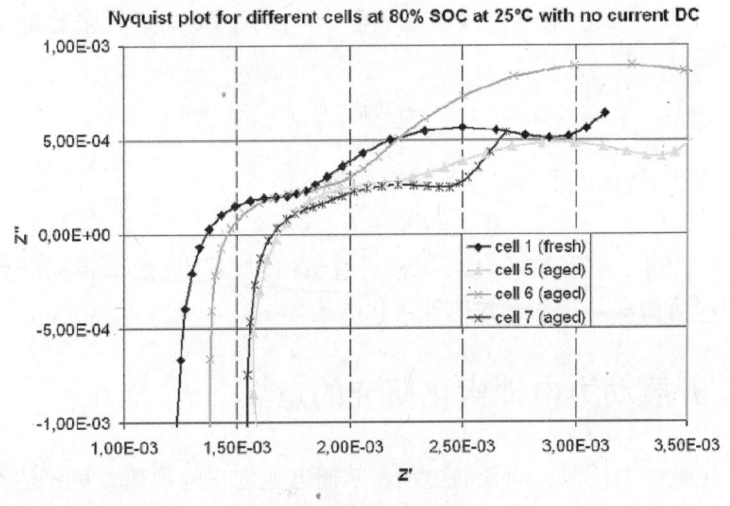

图 3-5 电池的交流阻抗

注:4 个被测样本的测试温度为 25℃,SoC 检测点为 80%

(2) 电动势

在恒定温度下,电动势与 SoC 成固定关系,因此,电动势经常被作为预测 SoC 的依据。早期的研究人员曾经观察到无论是铅酸电池还是锂离子电池,在使用一段时间以后,平台电压均会下降,因此怀疑电池的电动势会随着电池的劣化有所下降。然而,对于以磷酸铁锂等为主要成分的锂离子动力电池而言,电池的电动势,只与电池的材料、生产工艺、充放电温度等有关,与工作电流、放电深度无关。

由此可见，电池的电动势也不适合作为衡量电池劣化程度的指标。

3. 可用峰值功率（available peak power）是否用于描述电池劣化？

可用峰值功率，指的是在一定条件下，电池所能提供的最大功率，它等效为电池可用的最大放电（或者充电）倍率。随着电池的劣化，这一峰值功率的值将会逐渐减小。例如，某个电池在刚出厂的时候，在20℃下可以用5C的倍率放电，而随着电池的劣化，过了一段时间以后，只能以3C的倍率进行放电。可见，这一指标是可以用于描述电池劣化的。

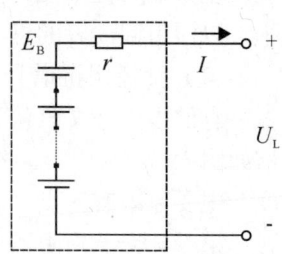

图3-6 用于分析电池峰值功率的等效电路图

然而，仔细分析可知，如果知道了"容量的衰减"和"直流内阻谱"这两个指标，就相当于可以推算出电池的峰值功率了。这点可以由下图3-6来分析。

首先，如果知道了电池的容量衰减，就能求得准确的SoC；其次，知道了SoC，就可以知道此时电池的平衡电势 E_B，并且通过直流内阻谱来查得此时的电池内阻值 r；再次，我们一般根据电池放电的端电压 U_L 的下限 U_L^{min}，来确定可用的最大放电电流，即

$$I_{max} = \frac{E_B - U_L^{min}}{r} \tag{3-6}$$

知道了 I_{max}，就可以求得可用峰值功率如下

$$P_{max} = (E_B - I_{max} \cdot r)I_{max} \tag{3-7}$$

因此，在考虑了"容量的衰减"和"直流内阻谱"这两个指标以后，就可以不把"可用峰值功率"作为描述电池劣化的指标了。

3.2 开展动力电池劣化研究的意义

电池劣化是一个长期、渐变的过程。掌握电池劣化的规律，可以估算当前电池的性能（SoH的一部分），为电池管理系统管好电池提供依据，从而更好地使用电池，避免电池过负荷工作，过度充电和过度放电，延长电池寿命。此外，电池劣化模型还可以辅助计算电池的平均使用成本，为估算电池在不同条件下的使用经济性提供依据，对于政策的制定以及整个行业的健康良性发展具有重要的意义。

3.2.1 对BMS设计的意义

笔者在第一本关于电池管理系统的书（《电动汽车动力电池管理系统设计》）中曾经提到，现阶段比较好的电池管理系统都是根据其特定的使用环境、工作条件量身定制的。要设计一个好的电池管理系统，必须先了解掌握所要"管理"的动力电池的特点，其中就包括电池的劣化特性。对于一个电池管理系统而言，不仅要

管理好一个全新的动力电池组，还要在若干年之后管理好"同一个"、"老化了的"、"性能有所下降"的电池组。因此，电池管理系统的设计者必须了解电池，特别是还要了解劣化以后、衰减了的电池。下面，我们从两个具体的方面来讨论电池劣化对 BMS 设计的意义。

1. 电池劣化研究对剩余电量、剩余能量估算的意义

在笔者之前的书中，曾对电池的荷电状态（即 SoC）、剩余电量、剩余能量这三个概念进行过辨析。很多时候，用户不仅关心 SoC 的具体数值，而且关心系统实际的剩余能量。例如，对于电动汽车动力的电池组而言，用户所关心的是"车子还能跑多远"的问题。与这个问题直接相关的是该电池组的实际剩余电量或者剩余能量，而不是 SoC 值。

在一定的条件下，利用各种估算的手段，可以估算出动力电池当前的荷电状态（SoC）值。然而，SoC 是一个相对量，是一个百分比值，如下式：

$$\text{SoC} = \frac{Q_{\text{remain}}}{Q_{\text{max}}} \times 100\% \qquad (3-8)$$

也就是说，需要知道电池当前的最大容量值（Q_{max}），才能求出当前电池剩余电量的"安时数"（Q_{remain}），而电池当前的最大容量值却是一个随着电池的劣化而改变的量。可见，如果不研究电池的劣化，掌握当前电池的 Q_{max}，那么即使估算出来的 SoC 值较为准确，也无法得知此时电池的剩余电量值 Q_{remain} 的准确数值。

可见，如果不掌握当前电池的劣化状态，就没有办法准确地估算出剩余电量或者与之相关的剩余能量的值，从而也无法提供用户非常关心的数据。（例如，电动汽车无法向其使用者提供剩余的行驶里程数。）

2. 电池劣化研究对电池安全保护的意义

"安全保护"是电池管理系统的重要功能。在电池工作的过程中，常常需要设定一些工作参数，以保证不出现电流过大或者过度充电、过度放电的情况。然而，这些安全参数并非静态的。它们会受电池当前的荷电状态（SoC）、工作温度等因素的影响，也会受电池的劣化程度的影响。因此，需要对其进行动态的调整。具体来说，就是要调整电池工作电压的上、下门限值以及充、放电所允许的最大电流值。以下是一些具体的情况。

（1）对于安装了智能充电机的系统来说，充电机需要在给动力电池充电的过程中从 BMS 获取电池当前允许充电的电流上限值以及电压门限值。在工作温度不变的前提下，随着电池的劣化，电池的充电内阻增大，充电的电压、电流限制值需要进行相应的调整。

（2）对于电动汽车而言，电池模块需要频繁地与电机模块、整车控制模块进行信息传递，以告知电池当前允许放电的电流上限，以避免因为放电电流过大造成安全问题。以往一般认为这样的电流上限与工作温度、SoC 相关；实际上，即使工作温度、SoC 相同，随着电池的劣化，电池内阻相应增大，所允许的电流上限值也需要进行相应的减小。对于部分具有制动能量回收功能的车,特别是混合动力汽车而言,在行驶过程中,需要把一部分的机械能变为电能充入电池中,这样的充电也是要受到电流和电压的门限值约束的。BMS 需要根据当前电池的劣化程度,把当前的门限值通过通信总线告知电机控制模块或者整车控制模块,从而避免意外的发生。

3.2.2 对电池的使用及维护的意义

在电动汽车领域,曾经有同行提出:"不合理的使用,导致电池过早报废,是造成电动汽车运行经济性差的原因之一。"也有学者说过:"电动汽车的电池不是被用坏的,而是被充坏的。"以上的言论在一定程度上是有道理的。

首先,对于设计者来说,在设计电池组容量大小的时候,就应该充分考虑到电池劣化的因素。例如,高倍率充电对电池的寿命是有害的,那么在设计电池充电模块的时候,就要充分考虑到电池充电的电流上限值。对于使用、运营者而言,了解了电池劣化的基本规律,就能在使用过程中,尽量使电池在一个有利于延长电池寿命的条件下工作。例如,有不少专家建议,尽可能使锂离子电池在 20%～80% 的 SoC 范围内工作,因为这段区间电池的充、放电内阻均较小,发热量小,而且,这个区间不容易造成电池过度充电、过度放电,有利于规避因此而产生的风险;再者,这个区间电池内发生的副反应较小,有利于延长电池的循环寿命[43]。

其次,对于电池的维护工程师而言,定期地对电池进行诊断、维护是必要的。诊断、维护的工作主要体现在三个方面:第一,掌握电池劣化的规律,能帮助判断电池是否存在健康隐患,从而能对电池给出正确的诊断结果;第二,掌握电池劣化的规律,有助于预报电池的寿命,即能够对电池的使用者给出诸如"半年之内电池将衰退到 80% 以下,建议对电池进行更换"的建议;第三,电池的维护人员经常要对电池进行一些"保养"性的处理,例如对电池组内的电池进行全面的均衡操作,或者通过加入脉冲电流的方式对部分电池进行"活化"处理,而这样的处理都是消耗时间或者设备资源的,是否需要对电池进行这样的维护操作,也需要依据电池的劣化规律。

再次,大量研究结果表明,对于纯电动汽车而言,在较低的温度下(例如在 0℃下),对电池进行较大电流(例如 0.5C 倍率以上)的充电,将会大大减损电池的使用寿命。而在我国的很多地区,冬天里在 0℃下对电池进行充电又是在所难免的。那么,"冬天是否应该在充电的时候对电池箱进行加温处理","在一定的温度下,充电电流的上限值应该设为多少",诸如这些问题,都应该结合电池的劣化规律,由电池系统的设计者、使用者、维护操作员等人共同去解决。

实际上,无论对于电动汽车,还是对于其他领域而言,参与电池系统设计、维护、使用的工程技术人员,都应该对造成电池劣化的主要因素以及电池劣化的基本规律有所了解。以便能更好地使用和维护电池。

3.2.3 对电池使用经济性估算的意义

在一定的条件下,电池的生产成本、市场销售价格是相对稳定的。然而,因为电池的使用、维护方式不同,造成电池寿命有所差异,则电池使用的平均成本也有差异。以电动汽车为例,我们常常需要估算电池使用的经济性,例如需要估算"在考虑了电池折旧及充电电费的前提下,行驶 1km 需要耗费的成本大概是多少钱"这样的数据。而这样的经济性数据往往就与电池的劣化规律相关。

在电动汽车行业内,有两个非常敏感而又重要的问题:第一,电动汽车的总体成本与传统燃油汽车的总体成本的比较;第二,同样是电动汽车,使用铅酸电池与使用锂离子电池的总体成本的比较。也就是说,在车型、用途大体相同的前提下,综合汽车的购置费用、日常使用维护费用、电池更换的费用等多个因素,来比较电动汽车和燃油汽车的差异,或者比较铅酸版汽车与锂电版汽车之间的总体成本差异。如果能建立一个关于电池劣化的基本模型,对不同地区、不同工作条件下汽车电池的使用寿命进行仿真估算,则对我国电动汽车行业的发展具有较为重要的意义。

同样地,在"电动汽车"领域以外,这样的经济性估算仍然具有相当重要的意义。例如,中国目前有许多行业正在开展一项评估:如果把本行业内所使用的铅酸电池全部替换为锂离子电池,是否能够节约总体成本。由于电池使用条件的多样性、复杂性,通过实验来回答以上问题是不现实的。因此,开展对电池劣化规律的研究是具有重要意义的。

3.3 锂离子电池劣化研究现状

从近两、三年的国内外文献来看,对于锂离子电池(特别是磷酸铁锂电池)劣化机理、劣化规律的研究越来越热,有很多研究方法、研究成果相继被报道。然而,这一领域的研究还只是处于起步阶段,人们对许多问题的认识还不到位,相关的理论还不成熟。本章将对这一领域的研究现状进行一个概述。

3.3.1 锂离子电池劣化机理综述

笼统地说,电池的劣化都可以归因于其内部化学成分的改变。曾经也有人怀疑,电池的劣化有一部分的原因是电池的物理损伤,例如极柱松脱等等。然而,这些极端的物理损伤一般会造成的是电池的损坏而不是电池的劣化。本小节的讨论重点,将放在电池劣化的化学机理。

1. 极端的情况

有一些极端的情况,电池的性能会极大地减损,例如:
- 电池短路;
- 电池被投入超级高温(100℃以上)的环境或者明火之中;

- 电池的外包装破裂，电解质漏出；
- 电池内部的隔膜破损；
- 电池的极柱松脱，或者接触不良。

以上基本都属于极端的物理损伤，在这些情况下，电池基本上都需要被直接更换掉而不能继续使用。出现以上情况直接认为是电池失效而不是电池劣化，因此，其机理也不在本小节的研究范畴之内。

2. 副反应造成可用于循环反应的锂（Li^+）的减少

电池的充电、放电过程分别对应着特定的氧化、还原反应，并且这样的反应在充、放电过程中是分别可逆的。而所谓的"副反应"，就是指在电池内部出现了除了以上正常的氧化、还原反应以外的反应，这样的反应一般是不可逆的，也是我们所不希望的。

由于副反应，造成可用于循环反应的锂（Li^+）的减少[44]。电池在充电、放电"副反应"指的是由于电池内部发生了副反应。副反应很多时候会生成锂盐，这些锂盐的一部分将附着在电极附近，从而增大了电池的等效内阻。锂盐中的锂不能再以离子的形式（Li^+）参与充电、放电反映，从宏观来看，就是电池的最大容量减小了。

此外，锂盐是否依附在电极上，这是根据不同的电池而有所差异的。可见，在劣化的过程之中，电池内阻的不一致性将会加剧，而不一致的内阻又会造成电池与电池之间内部发热量的不均，从而引起副反应的不均，又进一步加剧了内阻的不一致性。

3. 劣化过程中 SEI 的变化

SEI 是英文术语 "solid electrolyte interface" 的简称，中文一般翻译为"固体电解质界面膜"，国内电池业界有时候也约定俗成地把"SEI"称为"SEI 膜"。实际上，SEI 是指在锂离子电池在最初的若干次充放电过程中，电极材料与电解质在固液相界面上发生反应，形成一层覆盖于电极材料表面的钝化层。

（1）关于 SEI 的理解

关于 SEI，可以从三个方面来理解：

第一，SEI 是不可避免，一定会生成的。在电池注浆（即将电解液注入电池正负极之间）后，对电池进行最初的一个充放电循环中，SEI 就开始形成，一般而言在十个充放电周期之后 SEI 趋于稳定。

第二，SEI 是有积极作用的，因为所形成的一层钝化膜能有效地阻止溶剂分子通过，但锂离子（Li^+）却可以经过该钝化层自由地嵌入和脱离，因此 SEI 具有隔离电解液的作用，否则大量的溶剂分子就会进入电极与电极上的活性物质发生反应，电池很快就会失效了。

第三，SEI 也有消极的作用，因为锂离子（Li^+）在通过 SEI 的过程中会遇到一定的阻碍，这样的阻碍在宏观上就表现为电池的内阻。SEI 膜越厚，则电池的等效内阻就越大。

从以上可见，SEI 真是令人又爱又恨。一方面，它要阻隔溶剂的分子，防止电极被腐蚀，不可或缺；另一方面，我们又不希望它太厚，否则电池的等效内阻大，影响了电池的性能。SEI 生成的过程，也就是电池生产工艺中"化成"的过程。这个过程是重要的，它除了能保证 SEI 的顺利生成以外，还决定着电池出厂时的一致性。如果不能严格控制化成过程中电池所处的环境温度、湿度以及化成电流的话，所生成的电池的一致性是无法保证的。

（2）SEI 在劣化过程中的变化

随着电池的劣化，SEI 将会不断增厚，Ramadass 等学者曾用下图尝试解释该过程[48,49]。

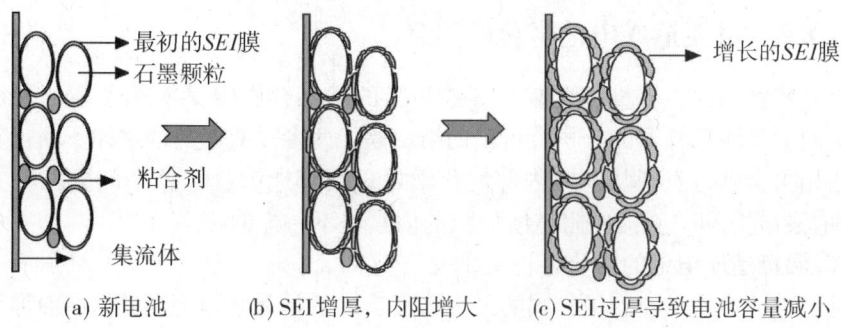

图 3-7　锂离子电池在劣化过程中的 SEI 膜形成与增长过程

图中所示是发生在某锂离子电池负极的一个过程。首先，图（a）表示在新电池出厂时，电池完成了化成之后，电池负极的石墨颗粒表面分布着一层较薄的 SEI，此时电池的内阻较小。随着电池的劣化，SEI 会进一步增厚，如图（b）所示，然而，此时并不能理解为电池的活性物质减少，只是电池的内阻相对增大。当电池劣化到了一定的程度，如图（c）所示，增厚了的 SEI 就会妨碍锂离子进入石墨颗粒内部，就相当于电池的活性物质减小，此时不仅电池的内阻进一步增大，电池的最大容量也相对减小了。类似地，以上的 SEI 增厚的过程也会发生在正极，从而导致内阻增大，容量减小。

4. 电池劣化机理的普遍性与特殊性

不同类型的电池，处于不同应用环境的电池，它们的劣化机理是有同有异的。有些机理具有普遍性，有些机理具有特殊性。

（1）普遍性

前面所讨论的"副反应造成可用于循环反应的锂（Li^+）的减少"以及"劣化过程中 SEI 的增厚"等等，都属于锂离子电池劣化的普遍机理，即几乎所有的锂离子电池的劣化都与这些机理相关。除此以外，电极（正极、负极）退化，电解液丧失，隔膜老化，自放电等等，这些都是电池劣化的内部原因，具有普遍性。

（2）特殊性

对于某一类型的动力电池而言，其劣化的机理，就具有一定的特殊性[34,40,42]。例如，对磷酸铁锂电池而言，除了会出现"锂离子（Li^+）数目的减少以及活性物质的损失以外，还会出现"铁离子中毒"的特殊现象。即铁离子与电解质发生不可逆的反应，从而改变了正极材料的化学特性，使得有效的正极材料减少，导致容量衰减。

此外，磷酸铁锂电池在存储过程中，由于电池发生自放电，而自放电的氧化产物会堵塞电极材料上的微孔，使锂的脱离和嵌入更加困难，从而造成内阻增大和放电效率降低。这是由于电池类型及其使用方式不同而导致的一种特殊的劣化过程[26]。

3.3.2 可能造成电池劣化的因素

笔者曾经认为，容量的衰减与等效内阻的增加存在着某些相关联的规律。然而，我们通过测试样本的分析，得出的结论是：两者没有必然的规律。通过查阅近年来的相关文献，发现从电池内部的化学机理很好地解释了这个问题，因为造成"容量的衰减"和"直流内阻谱增加"的因素是不一样的。

1. 温度造成电池的劣化

温度被认为是加速容量衰减的最大因素。以下是几个因为温度升高而加速电池劣化的原因。

（1）有大量的实验数据表明，负极的 SEI 的生长与时间和温度成正比，SEI 的生长将导致等效内阻增大，以及活性物质减少。这个规律对于锂离子电池普遍适用。

（2）随着温度的增加，不可逆的化学反应（副反应）在正负极表面发生的概率增大，导致电解液氧化、活性物质的丧失，将会在 SEI 的基础上形成锂盐。这样的话，将会造成活性物质的丧失，容量减小；同时，对于锂离子来说，所生成的锂盐比原本的 SEI 更难穿透，从而等效为内阻的增加。同样地，这个规律对于锂离子电池普遍适用。

（3）特别对于磷酸铁锂电池而言，室温下的 $LiFePO_4$ 橄榄石结构是最稳定和低功耗的。而在高温下，特别是高于电池的工作温度范围时，$LiFePO_4$ 的结构会明显变差，可能形成易溶解的 Fe_2P 或 $Fe_{75}P_{15}C_{10}$ 相位，使原本存在于正极的 Fe^{2+} 溶解在电解液中，并向负极扩散，并在负极表面形成铁金属，促进了负极表面薄膜的形成与增长，从而导致负极中毒，致使活跃电子减少，阻止有益的可逆反应发生，并加速容量衰退。

以上三种情况的发生，并不依赖于电池是否处于充电或者放电的状态。对于存放在仓库中的电池，如果存放环境温度越高，电池的劣化速度越快，其日历寿命越短。对于正处于充（或者放）电状态的电池，由于电池内阻的存在，工作过程中不可避免地会在电池内部产生热量，从而加速电池的劣化。在这种情况下，需要关注的是电池内部的温度，而不是电池工作环境的温度。

2. ΔSoC 与 ΔDoD 对电池劣化的影响

在相同的温度下，使用中的电池是否会比存放在仓库中的电池更容易劣化呢？答案是肯定的。其理由也比较好理解。对于使用中的电池而言，随着锂离子（Li^+）在电解质中的运动，在电极处发生副反应的概率相应增加，将会加速电池的劣化。而 ΔSoC 与 ΔDoD 恰恰是这种锂离子（Li^+）在电解质中运动的宏观统计值[28,44,45]。

在相同的环境温度（20℃），相同的充放电倍率（0.5C）的条件下，我们可以对比以下两个实验：

（1）A 电池，每次循环放到 SoC = 30%，然后充到 SoC = 60%，每次循环的 ΔSoC = 30%，总共循环 2000 次；

（2）B 电池，每次循环放到 SoC = 20%，然后充到 SoC = 80%，每次循环的 ΔSoC = 60%，总共循环 1000 次。

实际测试的结果表明，经过以上循环之后，A 电池的劣化程度与 B 电池的劣化程度是基本一致的。也就是说，在其他条件一致的前提下，电池的劣化与累计的 ΔSoC 线性相关。

3. "循环区间"对电池劣化的影响

然而，如果我们设计一个与以上第二点相似的实验，即在相同的环境温度（20℃），相同的充放电倍率（0.5C）的条件下：

（1）A 电池，每次循环放到 SoC = 30%，然后充到 SoC = 60%，每次循环的 ΔSoC = 30%，总共循环 2000 次；

（2）B 电池，每次循环放到 SoC = 60%，然后充到 SoC = 90%，每次循环的 ΔSoC = 30%，总共循环 2000 次。

（3）C 电池，每次循环放到 SoC = 10%，然后充到 SoC = 40%，每次循环的 ΔSoC = 30%，总共循环 2000 次。

实际测试的结果表明，经过以上循环之后，A、B、C 三个电池的劣化程度是不一致的，这个结果大致可以从电池的充放电内阻特征曲线（见图 3 - 8）中找到原因。

从图中可见，虽然循环过程中电池的 SoC 变化数均为 ΔSoC = 30%，然而由于"循环区间"不一样，所对应的充、放电内阻不一样，因此在循环过程中电池因为内阻而造成的内部发热也不一样。最终造成电池的劣化速度不一样。

基于以上的原因，有不少专家建议，在可能的情况下，尽可能使电池工作在 20% < SoC < 80% 的范围之内，这样对电池的循环寿命有好处。当然，这样的建议并不绝对，因为既然我们明确知道电池在 SoC > 80% 的情况下，内阻会显著增大，那么我们就应该在充电的末期根据电池的内阻特性降低充电电流的大小。

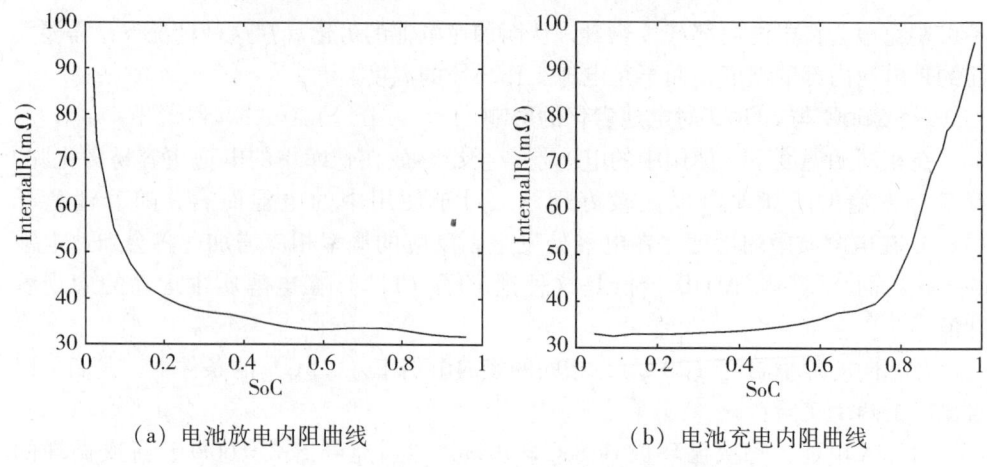

(a) 电池放电内阻曲线　　　　　　(b) 电池充电内阻曲线

图 3-8　某电池的充、放电内阻特性曲线

因此，笔者认为，对大功率电池的充电要注意两个问题：第一，电池的充电过程尽量需要 BMS 的参与，所配备的 BMS 需要了解电池的特性，能综合考虑当前的环境、电池自身状态等多种因素给出最优的充电参数；第二，近年来很多机构倡导"电池快充"技术，缩短因为电池充电而导致的用户等待时间，但从上面的分析可见，在大多数情况下，快充都是以牺牲电池的寿命为代价的。

4. 不恰当的截止电压下限对电池劣化的影响

不恰当地设置放电截止电压下限或者上限，对电池的寿命都是有影响的，而不恰当的电压下限与不恰当的电压上限可能造成电池劣化的影响是不一样的。我们先讨论"下限"的问题：

（1）放电截止电压（即电压下限）越低，则放电过程中电池内部的等效电阻越大，造成的电池内部发热量越大，从而加速电池的劣化。那么，在具体的 BMS 中，如何设置电池放电的截止电压呢？我们可以联合电池的 EMF-SoC 曲线以及电池的放电内阻曲线（例如图 3-8a）来综合考虑。因为不同的放电电流、不同的工作温度、不同的 SoC（对应于不同的内阻），所对应的最优的"放电截止电压"是不一样的。

（2）不恰当的放电截止电压（即电压下限）可能造成副反应的增加。锂离子电池通常以金属铜作为负极的集流体材料，如果锂电池正负极之间的电势差低于铜的氧化电位时，负极中的铜箔将会溶解进入电解液，甚至会跑到电池的正极中，造成正极的"析铜"现象。随着副反应的增加，电池的活性成分减少，则电池的容量减小，加速了电池的劣化。

（3）不恰当的放电截止电压（即电压下限）可能会造成电池的过度放电，从而导致负极的石墨片层结构出现塌陷，从而导致电池的容量过低。因为电池的负极是由石墨构成的，而石墨可以提炼为碳的片层结构，在正常的使用中，由于有锂离子的存在，石墨的片层结构比较稳定，如果放电截止电压过低，放电深度（DoD）过大，使得石墨片层之中的锂离子数量趋近于0，此时就会出现片层在物理上的塌陷，此后电池负极的片层再也容纳不下锂离子，就相当于电池的容量衰减了。

综上所述，我们可以知道如何为 BMS 设置放电截止电压。首先，尽量不要使电池的放电电压下限低于 2.2V（这个是对于磷酸铁锂动力电池而言的，其他类型的电池可以根据其电化学特性具体来制定）；其次，结合放电电流、温度、SoC（内阻）等多个因素，通过类似于图 3-6 的等效电路图来推导出具体的、最优的放电截止电压值。

5. 不恰当的截止电压上限对电池劣化的影响

如果 BMS 设置的截止电压"上限"不恰当，也会加速电池的劣化，其中有一部分的影响与"下限"的设置不当是类似的。

（1）类比于"下限"的情况，如果所设置的充电截止电压（即电压上限）越高，则放电过程中电池内部的等效电阻越大，造成电池内部发热量越大，从而加速电池的劣化。

（2）不恰当的充电截止电压（即电压上限）可能会造成电池的过度充电[46]。从微观的角度来看，过高的电压上限将导致电池的过度充电，而过度充电等价为把过多的锂原子硬塞进负极碳结构里面去，当没有足够的石墨分子来"存放"锂原子时，就会出现两种可能：其一，锂原子穿越石墨到达负极的铜柱上，变成金属锂或者其他锂的化合物，此时负极的金属铜的表面可能会出现一些稀疏的白点，这个就是因为锂元素到达了负极表面所产生的"析锂"的现象；其二，锂原子将在负极石墨表面结晶，即"析锂"现象，当结晶越长越大时，可能刺穿隔膜导致短路。

（3）不恰当的充电截止电压（即电压上限）也会造成副反应的增加[47]。在弄清第（2）点的情况下，我们可能会猜想，如果我们通过"电流积分法"计算充进电池的电量，严格控制电池的SoC，不让电池发生过度充电，那是否就不会加速电池的劣化呢？答案是否定的。因为过高的充电电压，会增加副反应发生的概率，从而加速电池的容量衰减。

那么，我们应该如何为 BMS 设置放电截止电压呢？这个可以类比前面第四点的做法：首先，尽量不要使电池的充电电压上限高于 3.7V（这个是对磷酸铁锂动力电池而言的，其他类型的电池可以根据其电化学特性具体来制定）；其次，结合充电电流、温度、SoC（内阻）等多个因素，通过类似于图 3-6 的等效电路图来推导出具体的、最优的充电截止电压值。

6. 充放电电流倍率对电池劣化的影响

大功率动力电池组常常会使用较大的充、放电电流来工作。一般人都会直观地认为：大电流的充、放电对电池的寿命是不利的。然而，如果被问到"大电流为何对电池寿命不利"，"多大的电流才算是对电池寿命不利的大电流"等问题时，许多工程师却不一定能回答得上来。事实上，要回答这些问题，就要分析充放电的电流倍率对电池劣化影响的机理。主要分为以下两个方面：

（1）大电流对电池极柱、焊点等电流经过的路径上每个节点形成了挑战。

我们知道，在电流回路的任何一个节点上，只要分布着一个阻值为 r 的电阻，那么在电池工作时，电阻上发热的功率大小就是 I^2r，必须注意到的是，该发热功率与电流的平方成正比。也就是说，如果工作电流增大为原来的 3 倍，那么节点上的发热功率就是原来的 9 倍，而如果工作电流增大为原来的 6 倍，那么节点上的发热功率就是原来的 36 倍。如果电池生产工艺好，极柱、焊点等各个节点上的内阻 r 趋近于零，则这些地方发出的热量仍然很小；但是如果某个电池的质量不好，或者电池在成组的时候，极柱与电缆之间连接头有松动，则会在瞬间产生大量的热量，可能直接造成电池的失效，更严重的话可能会引起火灾。

（2）大电流会在电池内部积累大量的热，加速电池劣化。

根据前面的分析，温度是加速电池劣化的主要因素。在电池内部，在电解液、正极、负极材料附近，不可避免地会有一定的内阻，这些内阻的存在将导致在大电流充、放电时电池内部积累了较多的热量，温度较高，从而加速了电池的劣化。

从这个角度，我们就可以理解为什么"小电池的电流倍率放电特性比大电池更好"了。因为只要存在内阻 r，所导致发热的功率大小将会是 I^2r，而一般地，电池内阻与电池的容量成反比例。

如果有 A、B 两个锂离子电池，都以 5C 的倍率放电，其中：

A 电池的容量是 100Ah，其内阻是 $2m\Omega$，那么 5C 放电就是 500A，放电时电池内部的发热功率为 $500^2 \times 0.002 = 500W$；

B 电池的容量是 10Ah，其内阻是 $20m\Omega$，那么 5C 放电就是 50A，放电时电池内部的发热功率为 $50^2 \times 0.02 = 50W$。

由此可知，A 电池瞬间发热量是小电池的 10 倍，而且由于 B 电池体积小，热量从电池内部发散到电池壁的路径短，因此散热相对更快。可见，两个电池相比较，大电池的发热量大，散热慢，因此电池在高倍率下将会受到更大的挑战。

以上是较为明确的，充放电电流倍率对于电池劣化的影响的机理；然而，还有一些可能的原因，目前还有待进一步的研究来证实。例如：

（1）以上分析的是欧姆内阻造成的电池内部发热，然而，瞬间的大电流有可能造成局部的极化电阻增大，这些极化内阻的发热功率也满足 I^2r，则局部发热明显，可能引起的副反应增加，严重的时候，这样的局部发热有可能会直接破坏电池的隔膜，造成电池内部短路，直接导致电池失效。

（2）瞬间的大电流有可能造成局部锂离子（Li^+）浓度不均匀，由此可能引起的副反应增多，加速电池的劣化（注意，前面是因为发热造成副反应增多，这里是由于锂离子浓度不均匀造成的副反应增多）。

综上所述，较大的充、放电电流倍率对电池的寿命是不利的，但对电池劣化造成的影响就要根据具体的环境温度、电池的内阻及其散热能力综合考虑。

3.3.3 电池劣化研究的困难

随着大功率锂离子电池越来越广泛的应用，人们越来越重视对电池劣化规律的研究，越来越多的研究成果被报道出来。然而，这样的研究开展起来并不容易，以致于目前这个领域的研究还处在比较初级的阶段。以下我们总结一下，为什么电池劣化的研究如此困难。

1. 研究周期长，过程控制严密，所需人力、物力成本重

电池的劣化是一个长期的过程。为了寻找电池劣化的规律，需要在不同的条件下对电池进行测试。而在测试的过程中，均需要对温度、充放电倍率、充放电截止电压等进行严格的控制，并且每隔一段时间（或者间隔一定的循环次数）需要对劣化后的电池重新进行评测。因此，所需的人力、物力都比较多。

例如，为了寻找不同温度（0℃，20℃，40℃）下，电池循环劣化规律，就至少需要3台恒温、恒湿试验箱常年不间断地进行测试。

又例如，为了得到电池在一定温度条件下以0.5C充、放电循环的劣化规律，那么充、放电各需要2小时完成，完成一个充放电周期至少需要4个小时。如果用测试设备对电池样本进行24小时不间断的测试，每天大约可以做4个循环的测试，每年大约可以完成（4×365=）1460次测试。

可见，研究电池劣化规律所需的人力、物力、时间成本都是比较大的。

2. 难以对电池内部的状态进行监控或者定量分析

研究电池劣化，就是要找出各种使用条件对电池性能造成下降的因果关系。然而，从"因"的角度来说，我们要监控的是电池内部的温度，而不仅是使用环境的温度；从"果"的角度来说，我们需要定量地知道电池在使用过程中，内部材料所发生的化学改变。然而，以上两件事情做起来并不容易，这是电池劣化规律研究的又一困难所在。

可见，我们真正需要得到的是电池内部的温度，而我们目前所能控制的只是电池使用过程中的环境温度（如恒温箱的温度）。然而，随着技术手段的发展，这个问题将逐步得到解决。一些先进的技术以及等效模拟的方法正在被陆续使用。电池"内部"发生的事情将逐步为我们所知。

3. 各种因素往往共同作用，难以解耦

一般而言，电池因为储存而造成的劣化往往与电池的"自放电率"以及"温度"相关，其中"温度"是主要的因素。但对于许多应用场合（例如电动汽车）来说，人们更多地关心电池的循环寿命，或者说关心电池在循环过程中如何发生劣化的。然而，电池在循环使用的过程中，"温度"、"充放电倍率"、"充放电深度"等多种因素往往是共同产生作用的，寻找劣化规律，需要把以上各种因素进行解耦。这个解耦的过程，是比较困难的；特别是在电池内部温度、充放电深度难以严格控制的情况下，这样的解耦尤其困难。

例如，对于同样的充放电深度，以0.1C对电池进行充放电循环和以1.0C对电池进行充放电循环，哪种情况下的电池劣化更快？当然，在相同的环境温度下，由于电池内阻的存在，使用中的电池的内部发热，使得以大倍率循环的电池的内部温度要比以小倍率循环的电池要高。然而，小倍率循环更有利于SEI的形成与增长，更容易加速电池的容量衰减。

即便如此，我们仍然可以找到一些大致的规律。例如，通过测试，我们会发现，在同样的充放电倍率下，电池在40℃的环境中循环比在20℃环境中循环，最大容量的衰减速度快一倍。得到这样的结论，对于我们正确使用电池仍然是具有指导性的意义的。

4. 电池试验样本的一致性问题

正如前面第一点所说，研究电池劣化规律需要耗费大量的人力、物力、时间成本，因此在研究过程中所能测试的样本的数量是有限的。然而，电池作为一种化工产品，其一致性相对较差，因此在用有限个样本的测试结果来把握大批量产品特性的问题上，需要注意一致性的问题。这要求我们在研究的过程中，注意以下几个方面的差异：

第一，电池成分的差异；

第二，电池类型的差异（软包电池、铝壳电池）；

第三，生产厂家、型号、批次的差异。

因为我们的样本资源是有限的，那么在开展电池劣化测试的过程中，如果得到了一些规律，那么必须要根据以上几个方面来思考：

第一，所得到的规律是对某些成分的电池适用，还是对所有锂离子电池都适用？

第二，所得到的规律和电池是软包工艺还是铝壳工艺有没有关系？

第三，所得到的规律能不能推广到其他的生产厂家，或者至少是同一个厂家的其他型号、批次的电池之中？

由此可见，我们在得到某些规律的时候，必须要注意该规律是对于什么样的范围是成立的，是否具有可推广性。

3.4 国内外电池劣化测试的相关工作

尽管目前对于电池劣化的研究仍然处于比较初级的阶段，不少学者仍然在此方面做了不少工作。笔者所在的实验室，也从四年前开始，陆续开展了相关的研究工作。本节对这一领域的相关研究作一些归纳：一方面归纳一些电池劣化的测试方法和测试结果；另一方面，就电池劣化的预测模型进行分析。

3.4.1 关于电池劣化测试方法的研究

就近年来的文献来看，可供借鉴的内容在两个方面：第一，操作规程方面，国内外的电池测试标准之中，多少都有与循环测试、寿命测试的相关内容，读者可以借鉴其操作流程、操作步骤；第二，为了探寻电池劣化的规律，国内外有部分实验室曾经开展过一些较为大型的测试实验，读者可以借鉴其样本选择的方法。

本小节主要归纳国内外一些重要的标准中涉及电池劣化测试的部分，供读者借鉴。

1. 我国的 QC/T 743-2006 标准

国家发改委于 2006 年颁布了《中国汽车行业标准 QC/T 743-2006——电动汽车用锂离子蓄电池》[62]，在该标准的"6.2.11"之中，规定每次"循环"为：在 20℃的环境中，以"两段法"对电池进行充满，充电倍率为 0.33C，然后再以 0.5C 倍率放掉额定容量的 80%。如此操作下，每 24 个循环加入一个容量评测（相当于每 25 次循环包含一次评测）。

在该标准的"5.1.10"之中，规定了基于以上的操作，"电池的循环寿命应不少于 500 次"方为合格。可见，该标准主要用于检验某个电池产品"是否合格"，并不是为探寻电池的劣化规律而制定的。

2. 国际电工委员会的 IEC 61982 标准

国际电工委员会（International Electrotechnical Commission）针对城市用小型低速电动汽车上的电能储存系统提出的 IEC61982 标准（道路电动汽车用二次电池）[63]其中的第三部分"性能和循环寿命"即与电池的劣化测试有关。

该标准主要包括容量测试、功率性能测试和使用寿命测试，其要旨是为汽车生产厂商的动力电池选型提供依据，并提出了测试电池是否满足待开发的电动汽车的性能需求的具体指标。与我国的 QC/T 743 标准不同的地方，IEC 的标准没有对测试温度作出具体的规定，并且在"容量"指标之外，还包括了电池等效内阻、峰值功率等评测的方法，而且循环过程也不是恒定的电流，而可以是针对车辆的某一个典型的"路谱"。

与我国的 QC/T 743 标准类似，该标准并非旨在研究电池劣化的规律，因此没有对不同的温度、放电深度等进行比较性的实验。该测试仅仅可以用于比较各个电池的性能及寿命长短，对劣化建模的意义不大。当然，其中涉及的关于电池等效内阻、峰值功率等评测的方法，有较高的参考性。

3. 美国的 PNGV 与 FreedomCAR 电池测试手册

PNGV 与 FreedomCAR 是美国两届政府先后就新型高能效汽车开发提出的国家项目。PNGV 项目在前，由克林顿政府提出，FreedomCAR 计划在后，由小布什政府提出。而后者对前者有一定的继承性，并且对前者的一些开发目标进行了一定的调整。

这两个计划项目中，都包含有电池测试手册，两本手册均是由 INEEL（Idaho National Engineering and Environmental Laboratory 的缩写，中文名 Idaho 国家工程与环境实验室）牵头制定的。与 IEC 61982 标准一样，这两本电池测试手册的要旨都是为了指导汽车生产厂商如何为汽车产品选配动力电池。PNGV 电池测试手册[37]制定于 2001 年，而 FreedomCAR 电池测试手册制定于 2003 年，两者都对电池的循环寿命（Cycle Life）和日历寿命（Calendar Life）的测试提出了指导性的意见。然而，PNGV 手册更多的是提出了方向性的指导，而 FreedomCAR 手册在很多细节方面上作出了具体的规定，具有更高的可操作性。

与 IEC 61982 标准类似，美国的电池测试手册提出了用典型的"路谱"来对动力电池进行循环测试，只不过所提出的"路谱"是 HPPC 工况，与 IEC 提出的 DST 工况在侧重点和具体细节上有所差异。

4．关于以上测试规程的小结

从以上的测试标准来看，其制定的初衷都是为了测试电池产品的性能，而不是研究电池的劣化规律。下一小节，我们总结几个关于日历寿命与循环寿命研究的较有代表性的案例，供读者参考。

3.4.2 关于日历寿命（calendar life）劣化测试的代表性案例

I. Bloom 等来自美国三个国家实验室的多位学者于 2001 年联合发表了一篇文献[8]，展示了他们在 PNGV 计划的背景下，联合进行的一项测试的结果，该测试利用了 60 个 18650 的单体电池（每个电池的额定容量为 0.9Ah），对电池在不同的环境温度、不同的荷电状态下进行加速劣化测试。根据文献的报道，其测试工作包括了日历寿命测试和循环寿命测试两个部分；然而，其中的日历寿命测试部分比较有代表性。以下是该文献的部分回顾。

1．测试安排

测试的分工如下表 3-1 所示，其中 ANL 是阿贡国家实验室（Argonne National Laboratory），INEEL 是爱达荷国家工程与环境实验室（Idaho National Engineering and Environmental Laboratory），SNL 是森地亚国家实验室（Sandia National Laboratories）。

表 3-1 日历寿命加速测试

SoC（%）	温度（℃）			
	40	50	60	70
40	ANL	ANL	ANL	ANL
60	ANL, INEEL	ANL, INEEL	ANL, INEEL	ANL, INEEL
80	INEEL, SNL	INEEL, SNL	INEEL, SNL	INEEL, SNL

从表中可知，不同的样本分配到不同的实验室中进行测试，而测试条件略有不同。为了避免实验室设备条件的差异可能造成的测试结果的不一致性，对于 SoC = 60%、SoC = 80% 这两种荷电状态的样本，都分别安排到两所不同的实验室中同时进行测试。

另外，为了避免电池样本的不一致性对测试结果的影响，表中的每个测试项都安排三个测试样本。以 SoC = 40%，温度为 40℃ 为例，测试由 ANL 一家单位承担，测试了 3 个样本。而对于 SoC = 60%，温度为 50℃ 的情况，测试由 ANL 和 INEEL 两家单位共同承担，每家单位测试了 3 个样本，共 6 个样本。如此类推……

表 3 – 1 中总共需要 60 个电池样本。

2. 测试的操作细节

由于是日历寿命加速劣化测试，因此测试的关键是控制好温度和 SoC 这两个指标。其中温度的控制比较容易实现，利用恒温试验箱即可实现，而要使 SoC 维持在某一个水平，可选的手段有很多。

（1）如何保证 SoC？

在该试验中，为了保证电池存放时的荷电状态，研究人员采用的是电压法。首先，把电池充电至荷电状态较高的水平；然后，在 25℃ 的温度下用非常小的电流（C/25）对电池进行放电；再次，当电池电压到达期望值的时候停止放电。其中，电池放电的截止电压值是通过查表获得的；根据文献，SoC 为 80%、60% 和 40% 相对应的截止电压值为 3.918V、3.747V 和 3.600V。

（2）间隔多长时间对电池进行评测？

当电池样本达到期望的 SoC 值，静置 2.5 小时以后，将其放入相应的恒温试验箱并开始存放。为了检验电池样本在存放一段时间以后性能的变化情况，需要每隔一段时间将电池取出并对其进行评测。

对于存放温度为 40℃、50℃ 和 60℃ 的电池样本而言，每隔 4 周对其进行一次性能评测；而对于存放温度为 70℃ 的电池样本，则是每隔 2 周对其进行一次性能评测。

（3）如何对电池进行评测？

PNGV 电池测试手册中，有专门针对电池进行阶段性评测的操作规范，称为 Reference Performance Tests（简称 RPT）。由于该试验是在 PNGV 计划的背景下进行的，因此电池的阶段性评测是依照手册中的 RPT 规范来进行的。

首先，设定被评测电池的环境温度为 25℃ 并静置足够长的时间（保证电池内部的温度已经从高温下恢复到 25℃ 的常温）；

其次，电池在充满的情况下进行以 1C 的倍率进行放电，得到其容量；

再次，对电池重新充满并施以 HPPC-M（中等负荷）工况测试，如下图所示，这样的测试，主要为了得到被测电池的内阻谱。

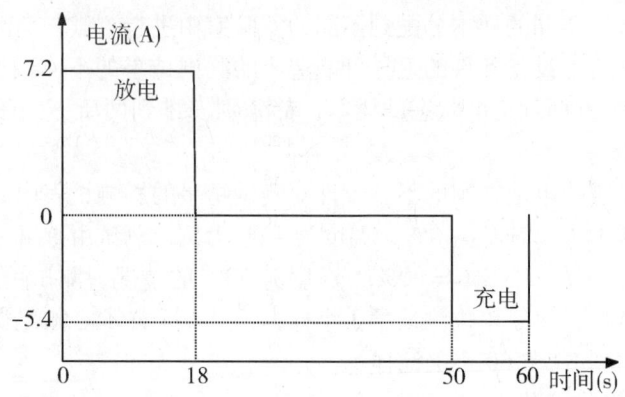

图 3-9 用于对电池进行 HPPC-M 测试的工况谱

3. 测试结果分析

一般而言，劣化测试总是基于某种指标的。一般人们通常使用容量衰减来衡量电池的劣化。然而，在该联合测试项目中，衡量电池劣化的指标不是容量，而是表面电阻率的增加（即 increase in area - specific impedance），以及功率衰减率（power fade）。

（1）Arrehnius 公式

在执行测试之前，相关人员根据电化学的一般规律，预测电池在高温下的劣化将会符合 Arrehnius 公式，即

$$Q = A\exp\left(\frac{-E_a}{RT}\right)t^z \qquad (3-9)$$

其中，Q 是衰减量，在该测试中，具体可以是 ASI（area - specific impedance）的增加或者是功率的衰减，A 是一个经验常数，E_a 是活性物质所携带的能量，R 是气体常数，T 是绝对温度，t 是时间，z 是一个参数，t^z 构成了一个幂函数。

通过测试，需要验证内阻的增加值以及功率的衰减率是否符合式子（3-9）；并且，如果符合，则通过相关测试数据求出式子（3-9）中相应的参数。

（2）通过测试数据验证劣化规律符合 Arrehnius 公式

文献中，通过不同温度下的测试数据，认为在可以接受的误差范围内，式子（3-9）是成立的。如图 3-10、图 3-11、图 3-12 所示。

（3）通过公式预测电池失效

从图 3-10、图 3-11、图 3-12 不仅可以看出 ASI 和功率衰减基本符合 Arrehnius 公式，还可以发现一个规律，就是电池的荷电状态越高，衰减越快。

如果把电池的有效功率衰减为最初的 80% 以下定义为失效，则根据测试数据可以标定式子（3-9）中的相关系数，从而可以预测电池在高温下存放多长时间将会失效。

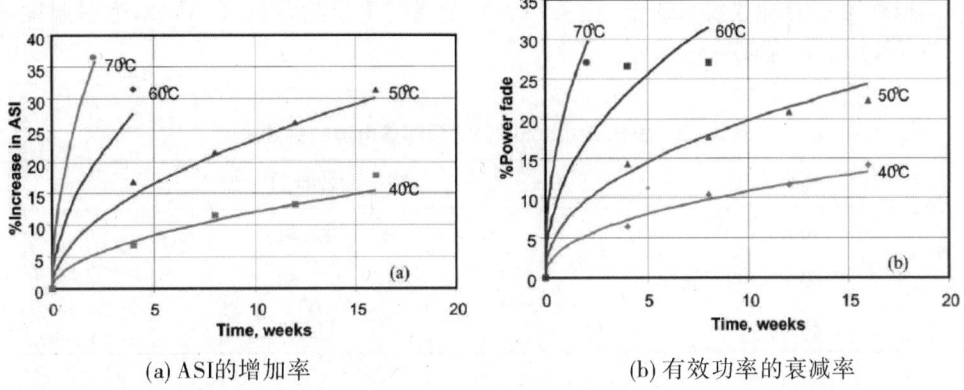

(a) ASI的增加率　　　　　　　　　(b) 有效功率的衰减率

图 3-10　SoC=40%时，测试数据与预测公式的符合度

注：图中，曲线代表通过公式预测的衰减规律，带形状的点表示实测数据

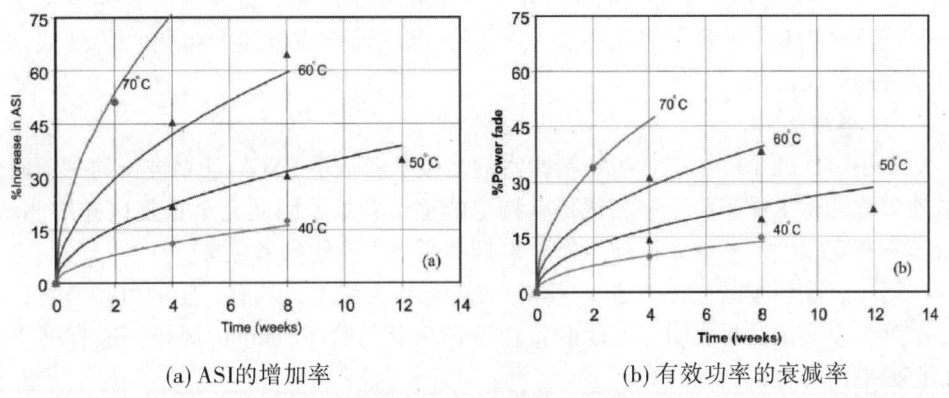

(a) ASI的增加率　　　　　　　　　(b) 有效功率的衰减率

图 3-11　SoC=60%时，测试数据与预测公式的符合度

注：图中，曲线代表通过公式预测的衰减规律，带形状的点表示实测数据

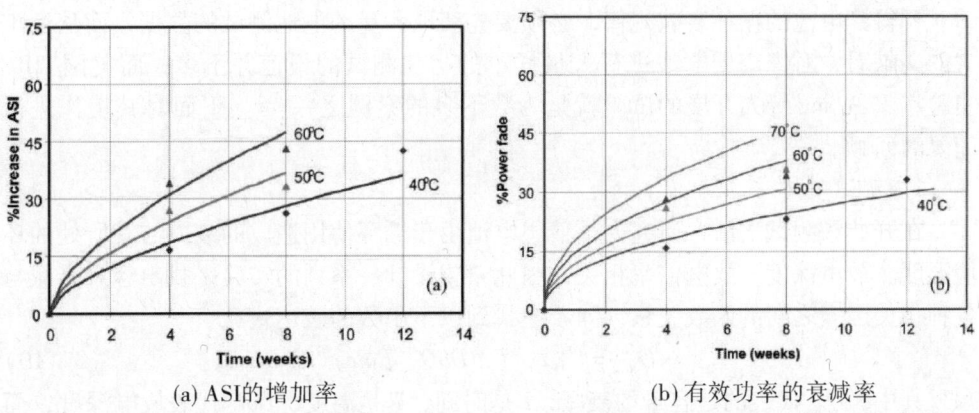

(a) ASI的增加率　　　　　　　　　(b) 有效功率的衰减率

图 3-12　SoC=40%时，测试数据与预测公式的符合度

注：图中，曲线代表通过公式预测的衰减规律，带形状的点表示实测数据

把标定了的系数代入式子（3-9），并把温度 T 设为常温（25℃，绝对温度为 $T=298\text{K}$）于是可以得到下表：

表3-2 根据 Arrehnius 公式预测该电池的失效时间

SoC	预估失效时间（周）
40%	387.21
60%	127.64
80%	11.33

可见，该电池在常温下，如果保持 SoC=40%，则经过387.21周（约合7.6年）以后会失效；而如果 SoC=80%，则经过11.33周该电池就会失效。需要注意的是，表3-2是根据该批次电池标定的系数的预测结果，并不具有普遍意义。然而，该测试为我们验证了日历寿命（即因为储存而造成电池的劣化）的规律，则具有普遍意义。

4. 小结

本小节回顾了美国三个国家实验室的多位学者基于 PNGV 计划进行的一项联合电池劣化测试工作。由于该测试是有特定的项目背景，因此完全重复这样的测试，价值不一定很大。然而，该项工作至少具有两个方面的参考意义：

第一，在样本的选择方法、具体测试的操作方法上，具有一定的可参考性；

第二，测试结果表明，电池的日历寿命劣化符合 Arrehnius 规律，这有助于我们把握电池劣化的大致趋势。

3.4.3 关于循环寿命（cycle life）劣化测试的代表性案例

要得到电池的循环衰减规律，必须要先获取大量的电池测试的数据，而从近年来的文献看，对锂离子电池进行大量样本的劣化测试的报道并不多，而美国 HRL 实验室 J. Wang 等人开展的试验就是为数不多的案例之一[41]。下面对其工作进行简要的回顾。

1. 测试安排

在开始该测试之前，研究人员猜想电池由于循环使用造成的衰减与其所处的环境温度、放电深度、放电倍率相关，因此希望设计一系列的实验来找出容量衰减与各种相关因素之间的函数关系，即希望找到以下函数的表达式：

$$Q_{loss}=f(t, T, DoD, Rate) \tag{3-10}$$

其中，Q_{loss} 代表的是容量的衰减，t 是时间，T 是温度，DoD 代表放电深度，而 $Rate$ 是充放电的倍率。

为了求出上述的 $f(\cdot)$，研究人员为进行充放电循环的电池设置了6种不同的环境温度值、5种不同的放电深度以及4种不同的放电倍率;同时,为了避免电池的不一致性造成试验结果的偏差,测试时特意为针对某种特定的条件安排了2个电池样本。

2. 测试的操作细节

以下是关于该项测试工作在实际操作中的若干细节。

(1) 关于测试条件的安排以及电池样本的选择

为了求出上述式子(3-10)中$f(\cdot)$的具体形式,研究人员为进行充放电循环的电池设置了6种不同的环境温度值,即$T = \{-30℃, 0℃, 15℃, 25℃, 45℃, 60℃\}$,5种不同的放电深度,即$DoD = \{90\%, 80\%, 50\%, 20\%, 10\%\}$,以及4种不同的放电倍率,即$Rate = \{C/2, 2C, 6C, 10C\}$。

如果将上述每种条件都遍历一遍,则有$(6 \times 5 \times 4)$ 120种排列组合,每种情况下需要2个电池样本,总共需要240个电池样本。然而,在实际操作中,受限于该实验室的设备条件,实际只做了120种情况之中的55种,而实际所需电池样本是107个。(可能因为实验过程中,某些样本发生了意外,个别实验条件下只有1个样本,而另外个别实验条件下有3个样本。)稍后的内容将展示这些测试的结果。

另外,所选择的被测电池样本是从市场上买来的美国A123公司生产的额定为2.2Ah的26650圆柱形电池,电池的正极材料为磷酸铁锂($LiFePO_4$)。

(2) 间隔多长时间对电池进行评测?

为了检验电池样本在存放一段时间以后性能的变化情况,需要每隔一段时间将电池取出并对其进行评测。在循环测试过程中,评测的时间间隔并不需要严格;对于充放电倍率较小(C/2)的循环,测试人员每隔1个月或者2个月对电池进行一次评测,而对于充放电倍率更高的循环测试,评测的时间间隔会相应的缩短。

(3) 如何对电池进行评测?

前面3.4.2的案例中,研究人员关注的主要是电池内阻的劣化规律,以及有效功率的衰减;而在本测试案例之中,研究人员关注的主要是电池的容量衰减规律。

首先,在电池没有进入循环测试阶段之前,先对电池进行容量评测,评测的方法主要是在电池充满的前提下,利用不同的放电倍率(C/20,C/2,6C)对电池进行放电,以获得其容量值;

其次,在循环测试开始之后,每隔一段时间,对电池容量评测,评测的方法主要是在电池充满的前提下,利用C/2的倍率对电池进行放电,以获得其容量值Q_t,并与循环前在同样倍率(C/2)下进行容量测试的值Q_0进行比较,得到劣化后的容量损失率Q_{loss},如下式所示:

$$Q_{loss} = \frac{Q_t}{Q_0} \times 100\% \qquad (3-11)$$

3. 测试结果分析

本测试案例的试验结果，验证了容量衰减的一般规律，并为人们寻找电池劣化模型提供了参考。

（1）通过测试数据验证劣化规律大致符合 Arrehnius 公式

事实上，J. Wang 等研究人员在开展此项测试之前，参考了 I. Bloom 等人的工作（即3.4.2小节的测试），认为循环测试过程中，电池的劣化也将符合电化学的一般规律，即 Arrehnius 公式。因此猜想式子（3-10）的形式与式子（3-9）近似。然而，式子（3-9）中的 t 是电池在高温下存放的时间，对于循环测试来说，起作用的不再是时间，而是循环过程中累计放出的电荷数。于是，需要对式子（3-9）进行一点修正

$$Q_{\text{loss}} = B\exp\left(\frac{-E_a}{RT}\right)(A_h)^z \quad (3-12)$$

其中，B 是改变了尺度后的常数，而变量 A_h 代表循环过程中累计放出的电荷数，其余变量的意义与之前的相同。

将式子（3-12）两边取对数，得到

$$\ln(Q_{loss}) = \ln(B) - \left(\frac{E_a}{RT}\right) + z\ln(A_h) \quad (3-13)$$

对于特定的条件而言，$\ln(B)$，$\left(\frac{E_a}{RT}\right)$，$z$ 等都是常数，因此该测试需要验证 $\ln(Q_{\text{loss}})$ 与 $\ln(A_h)$ 是否存在线性关系。

从测试数据来看，式子（3-12）和（3-13）的规律基本是成立的。

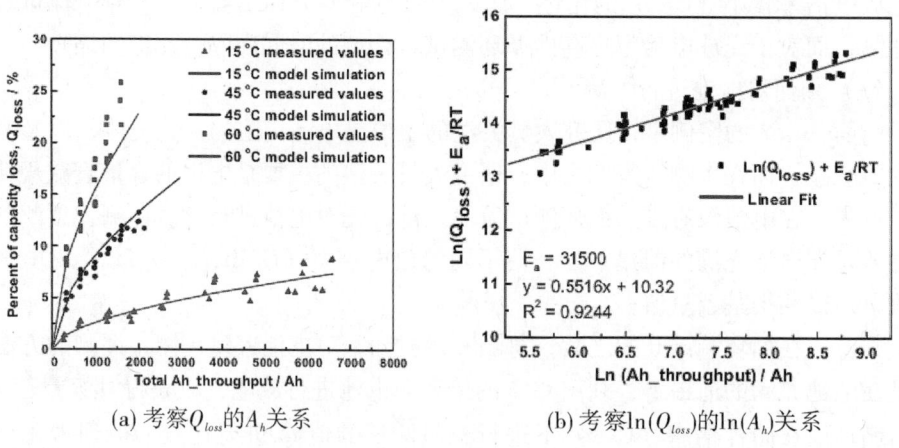

(a) 考察 Q_{loss} 的 A_h 关系　　(b) 考察 $\ln(Q_{loss})$ 的 $\ln(A_h)$ 关系

图3-13　测试数据与预测公式的符合度

注：图中，曲线代表通过公式预测的容量衰减规律，带形状的点表示实测数据

(2) 循环深度（DoD）与放电倍率（$Rate$）的作用

该项目的测试组进一步研究电池的容量衰减是否与循环深度（DoD）与放电倍率（$Rate$）有关。

对于式子（3-12）和（3-13）而言，如果电池的容量衰减只与温度 T 以及累计的放电电荷 A_h 相关，而与循环深度（DoD）与放电倍率（$Rate$）无关的话，则式子中的 $\ln(B)$，$(\frac{E_a}{RT})$，z 等都是常数，即对于不同的 DoD 与 $Rate$，$\ln(B)$，$(\frac{E_a}{RT})$，z 保持不变。事实上，测试数据并不支持这点，于是该小组的研究人员对式子（3-12）进行了修正，得到了如下的公式

$$Q_{loss} = B \cdot \left[\frac{-31700 + 370.3 \times Rate}{RT}\right](A_h)^{0.55} \quad (3-14)$$

式中，Q_{loss} 与 T、A_h 仍然存在类似的指数关系，只不过公式中的常数根据倍率有所修正。然而，式子（3-14）的系数的修订完全是根据实验数据而来，没有相应的理论解释。

4. 小结

以上是根据文献对目前较有代表性的一项电池循环劣化测试进行了回顾。该测试由 107 个锂电池样本在不同的温度条件下，根据不同的循环深度（DoD）与放电倍率（$Rate$）进行的。笔者对此从正、反两个方面进行评价。

(1) 积极的方面

该测试是目前报道的测试样本数量较多的锂电池循环劣化测试，该项工作至少具有两个方面的参考意义：

第一，在样本的选择方法、具体测试的操作方法上，具有一定的可参考性；

第二，测试结果表明，在温度、循环深度与放电倍率等条件都固定的前提下，电池在充放电循环的过程中，其容量的衰减符合 Arrehnius 规律，这有助于我们把握电池劣化的大致趋势。

(2) 消极的方面

然而，该测试小组在分析容量衰减与循环深度（DoD）与放电倍率（$Rate$）关系的过程中，简单地依靠测试数据来进行曲线拟合，得到相应衰减系数的方法，笔者并不认同。该测试小组利用式子（3-14）来推导电池循环劣化规律的过程中，其系数是由特定样本的测试数据推导出来的，而忽视了对其化学机理的分析。事实上，用曲线拟合的方法所推导出的系数并不准确，因此可见拟合以后的曲线与实测数据仍然存在较大的误差。

实际上，通过前面 3.3 节的分析，可知循环深度与放电倍率对电池劣化的影响要从电池的内阻谱上找原因，电池内部的发热仍然是电池劣化的主要因素。对于较高的放电倍率，电池内部发热也较大，电池劣化后，内阻增大，发热会进一步增

大,这个过程是无法用简单的几个数据的拟合来解决的。

3.5 笔者开展的电池劣化测试

笔者在3.4.3小节中指出,电池的劣化规律不能通过形如(3-14)那样一个简单的式子完全解决。为寻找电池劣化的规律,笔者选择了特定的样本,在特定的条件下进行了测试,以对3.3节所提出的一些劣化机理分析进行验证。由于劣化测试所需的时间比较长,部分测试还在进行之中,本节分享一些测试的思路与方法。相关的测试结果稍后将发表在笔者的个人博客上,或者国内外的相关文献中。

3.5.1 测试安排

表3-3是为了寻找劣化规律而进行的具体的测试安排。

表3-3 劣化测试安排表

循环区间	$\Delta SoC/\Delta DoD$ 温度	30%		60%		充放电倍率
		20℃	40℃	20℃	40℃	
上段		2个样本	2个样本	2个样本	2个样本	0.5C
		2个样本	2个样本	2个样本	2个样本	1C
中段		2个样本	2个样本	2个样本	2个样本	0.5C
		2个样本	2个样本	2个样本	2个样本	1C
下段		2个样本	2个样本	2个样本	2个样本	0.5C
		2个样本	2个样本	2个样本	2个样本	1C

对于表3-3的理解如下。

(1) 表中所涉及的测试主要涉及循环寿命劣化测试,而不涉及日历寿命。主要原因有三个方面:

第一,关于日历寿命测试的代价较高,需要耗时较长时间,对于设备条件以及人力条件的要求也比较高。

第二,与储能电池相比,动力电池在电动汽车等大功率负载上的使用,基本上以使用的损耗为主,循环寿命还是占了主导因素,因存储而造成的劣化并非主要矛盾。因此,讨论循环寿命更具有现实意义。

第三,在3.4.2小节中,曾经对I. Bloom等人的工作进行过总结,其结论是,对于日历寿命而言,Arrehnius公式基本上是成立的。事实上,笔者也曾经用少量的样本进行过关于循环寿命的测试,验证了该规律是基本成立的。

（2）表中，相同的测试条件我们都安排了2个试验样本，其目的主要是要考量在测试过程中电池的一致性。同时，因为测试的时间跨度大，为防止意外，安排2个测试样本有利于数据安全。

（3）测试时间估算：按照进度最慢的测试样本来算，即0.5C，60%的循环，充、放一个周期大约需要2.4个小时，即每天可以进行10个循环。因此每进行100个循环大约需要10天时间。再加上对循环了一段时间后的电池进行阶段性评测，实际需要的时间将会更多一点。按照目前一般动力电池的制造水平，电池在20℃时的循环寿命一般不会少于3000次，因此完成以上实验，需要一年多的时间。

3.5.2 测试的一些具体细节

以下就开展循环劣化测试的一些细节进行讨论。

1. 关于温度的控制

温度是影响电池劣化最直接、最重要的条件，然而也是最难控制的。一般地，在测试过程中，我们都会将电池样本置于恒温试验箱中。然而，对于正在进行循环的电池来说，试验箱的温度、电池表面的温度、以及电池内部的温度这三者是不一致的；而且，就电池内部来说，电池正极的温度、负极的温度以及电解液的温度也是不一致的。那么，在测试过程中，应该针对哪个温度来进行控制呢？笔者倾向于只对恒温箱里的测试环境温度进行控制。原因在于两个方面：

（1）简单可行。实际上，要控制电池的极柱温度或者电池内部的温度，都是比较难实现的；而要控制恒温箱内部、电池外部的环境温度相对简单，因为一般恒温试验箱都具有比较精确的温度控制功能。

（2）与真实的情况贴近。在实际的应用环境中，我们很多时候也难以采集电池内部的问题，而只是采集电池箱内的环境温度。这样一来，我们找到的就是电池的劣化与环境温度之间的函数关系，而这一关系恰恰可以推广到实际应用中。

2. 关于"循环区间"的控制

根据前面的分析可知，电池"循环区间"对于电池的劣化是有影响的。例如，如果在每次循环时，都把A电池充到100%，然后放到70%的荷电状态，那么A电池的循环区间就是（70%，100%）；同理，如果把B电池充到70%，然后放到40%的荷电状态，那么B电池的循环区间就是（40%，70%）。如果把A、B两个电池同样进行1000次循环，虽然累计放出的电量是一致的，然而由于循环的区间不同，两个电池的劣化程度是不一样的。

一般地，我们把电池的循环区间分为"上段"、"中段"和"下段"。为了能够较为精确地控制电池进行循环测试的区间，需要注意以下几个问题。

（1）对于"上段"循环，可以通过控制测试设备的累计电量来控制循环的区间。例如，假设电池容量为15Ah，为了实现上段30%的循环，可以这样进行：将电池充满，然后放掉4.5Ah的电量，之后重新充满。

(2) 对于"下段"循环，仍然可以通过类似的方法来控制循环的区间。例如，假设电池容量为15Ah，为了实现下段30%的循环，可以这样进行：将电池放空，然后充入4.5Ah的电量，之后再将电池放电，直到截止电压下限。

(3) 对于"中段"循环，控制起来相对有点复杂。例如，假设电池容量为15Ah，为了实现区间为（40%，70%）的中段循环，我们可以这样操作：将电池充满，然后放掉9Ah的电量，之后进入循环状态，即充入4.5Ah的电量，然后放4.5Ah，如此循环。需要注意的是，由于设备对电量的统计可能存在误差，因此对于次数较多的循环，可能需要进行"对齐"处理。即每隔100个，需要对电池进行一次充满，然后放掉9Ah，再重新进入4.5Ah的循环状态。

3. 关于循环过程中对电池的评测

在3.4节所述的两个关于电池劣化测试的例子都曾提到每隔一段时间对被测电池样本进行评测的问题，这是非常必要的，因为关于劣化测试我们所设计的步骤主要涉及到"如何使电池老化"，而经过一段时间以后，就需要知道"电池劣化到什么程度"，因此需要加入评测的环节。关于如何在循环过程中对电池进行评测，需要注意以下三个问题。

(1) 评测什么项目？

"评测什么"基本上等价为"我们在劣化测试过程中需要知道些什么"。在3.4节的两个例子之中，研究人员对于被测电池所作的评测内容是不一样的。在3.4.2的日历寿命劣化测试中，评测的内容主要是电池的内阻以及最大输出功率；而在3.4.3的循环寿命劣化测试中，评测的内容主要是电池的容量。

在笔者的上一本书（《电动汽车动力电池管理系统设计》）中，曾经提到过如何对循环中的电池进行评测的问题，主要评测三个比较重要的项目：电池容量，电池的最大输出电流（功率），以及电池的充、放电内阻谱。实际上，对于劣化测试而言，很多时候也可以把以上3个评测项目压缩为2个，即只评测充、放电内阻谱，而利用放电内阻谱再去推出电池的最大输出电流（功率）。

(2) 间隔多长时间对电池进行评测？

在笔者的上一本书中，曾经提出每隔50或者100个循环加入评测步骤，那是对于"深度循环"而言的，即每次循环都是把电池充满然后再放光。如果对于一个样本数较多的劣化测试项目来说，需要从两个方面来考虑：其一，评测的间隔是否需要是100的倍数？其二，每次评测的间隔是否需要相等？

事实上，如果能使每次评测的间隔相等，则有利于保持电池测试的一致性和公平性，毕竟评测的步骤也会对电池的劣化造成影响，如果能使评测间隔相等，则有助于提升测试的可比性。然而，在实际测试中，一个恒温试验箱中往往放置了不止一个电池样本，而每个样本的测试条件（倍率，充放电深度等）并不完全一致，因此在设计评测间隔时，最好能做到让同一个恒温箱内的测试基本上同时停止，并进入评测状态，这个要结合后面第（3）点来一起理解。基于上述的理由，评测间隔的设置，也不必是 100 的倍数，只需要根据不同的测试条件计算好每次循环所需的时间，近似地取其公倍数即可。

(3) 如何对电池进行评测？

关于评测的具体步骤，笔者已经在第一本书的第四章中给出过容量、充放电内阻等具体评测的步骤，这里就不再赘述了。

然而，在对电池实施评测步骤之前，需要注意两个问题：

第一，样本电池需要在评测前达到 20℃。由于电池的评测是在特定的温度（20℃）下做的，而循环过程的温度则是多样的。例如，可能是 0℃、40℃ 或者 60℃ 等，而不是评测所需的特定温度。因此，不能在循环步骤刚刚停止后马上进入评测状态，而是要使电池在 20℃ 的恒温箱中搁置足够长的时间，使电池内部基本上达到评测所需要的温度，才开始进入评测步骤。而这个搁置的时间，则需要根据具体的情况来判断。

第二，与第一点相对应，样本电池需要在评测前不要搁置过长时间。尽管我们不赞成在循环步骤结束后立刻进入评测步骤，然而我们也不赞成在循环结束后搁置过长时间才进入评测状态，即不要在循环步骤结束后十几天才对电池进行评测，这样会引入由于储存等原因造成的日历寿命的劣化。

综上所述，研究人员最好在所有电池停止循环以后，使电池搁置不少于 2 个小时、但又不超过一天的时间，然后开始实施评测步骤。

3.5.3 测试的初步结论

尽管 3.5.1 所述的测试还在进行之中，但可以得到一些初步的结果，在此分享一下，更多的结果将会陆续通过其他途径进行展示。

1. 验证"循环区间"对电池劣化的影响

近年来有不少学者认为，有效控制电池使用的"循环区间"，对延长电池的寿命有利。然而就目前的文献来看，支持这一观点的数据并不太多。为此，笔者尝试通过设计一些特定的试验样本，来验证"循环区间"对电池劣化程度的影响。

就表 33 测试的初步数据来看，在温度、倍率条件都相同的前提下，"中段"循环的电池衰减最慢，而"上段"和"下段"循环的电池衰减速度基本相同，是"中段"循环的 2 倍。

目前我们可以这样预计：如果以"电池容量衰减为额定容量的 80% 即为失效"作为判据的话，同样是 60% 的 ΔSoC，用"中段"循环可以达到 4000 次才会失效，而用"上段"或者"下段"的循环，大概只能达到 2000 次左右就会失效。

这就很好地验证了部分电动汽车为了追求更多的续航里程，在运营过程中常常进行深充深放，导致电池的实际寿命只有理论值的一半。

2. 验证"温度"对电池劣化的影响

温度是影响电池劣化的重要因素之一，这点是不需要怀疑的。然而，对于循环使用的电池来说，真正起着决定性作用的并非电池使用的环境温度，而是电池内部的温度。因此，在 3.4.2 小节中，笔者曾经指出，如果不明确"循环区间"，只设定测试箱内的环境温度的话，所求得的"温度 – 劣化程度"函数关系式是没有意义的。

就目前测试的初步数据来看，在"循环区间"相同、充放电倍率条件相同的前提下，环境温度为 40℃ 的电池的衰减速度大概是环境温度为 20℃ 的电池的 2 倍多一些。对比 3.4.2 小节中的美国三大实验室的测试所得到的初步规律，可以初步预测在其他条件都相同的前提下，电池在循环使用过程中的劣化也将符合 Arrehnius 公式，然而 Arrehnius 公式中的温度，必须指的是电池内部的温度而不是环境温度，因此，在总结循环劣化规律的时候，应该先根据倍率、内阻等条件，推算出电池内部的温度，再代入 Arrehnius 公式。

3. 验证"充放电倍率"对电池劣化的影响

从表 33 可见，环境温度、"循环区间"均相同的前提下，可以比较不同的充放电倍率对电池劣化的影响。就笔者目前已进行的测试的初步结果来看，在不同的充放电倍率（0.5C、1C）下，电池劣化趋势几乎都是一致的。

我们对此的初步解释是这样的：一般而言，充放电倍率越高，由于欧姆内阻的缘故，电池内部发热就越大，电池内部温度越高；然而，由于电池内部温度升高，电池欧姆内阻随温度升高而下降，从而导致电池下一阶段的发热量下降，最终达到一个相对的动态平衡。在环境温度、循环区间等条件均一致的前提下，该动态平衡点是基本一致的。因此对电池劣化的影响也是基本一致的。

当然，由于目前电池测试尚未完成，还不能得到电池最终的循环寿命，以上猜测只是从电池的容量、内阻的角度来观测的，还需要得到最后数据的验证。

第四章 先进的动力电池管理系统硬件

本章结合目前的主流技术，分析当前较为先进的电池管理系统硬件技术，重点讨论电压监测精度的意义以及板间通信隔离的问题，其中提到的基于LTC6804芯片的方案是当前较为领先的硬件解决方案。

4.1 当前主流的电压监测方案

电压、电流、温度等状态量的监测是动力电池管理系统的重要功能，而由于大功率动力电池组往往是由多个电池串联而成的，电压监测相对于另外两个物理量而言具有更大的挑战性。本节将对目前几种主流的电压监测方案进行分析、对比。

4.1.1 基于（PhotoMOS）光耦继电器开关阵列的电压监测

在 BMS 中，基于继电器开关阵列电压监测是常见的方案之一，其原理是利用继电器开关阵列实现对各个单体电池选通，然后将被选通的电池的电压通过隔离运算放大器送入 A/D 转换器，通过轮询，依次实现对各个电池电压的采集、监测，如下图所示。

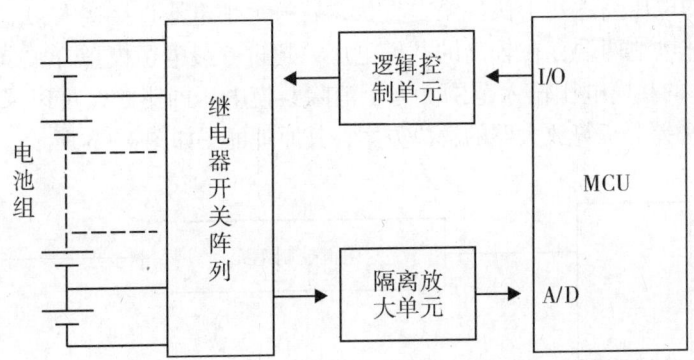

图 4-1 基于继电器开关阵列电压检测原理框图

图中，继电器开关阵列可采用固态继电器或者电子开关，由于固态继电器的寿命短，体积大，因此采用具有光电隔离功能的高速 PhotoMOS 继电器的方案更优。与其他 FET 型半导体继电器相比，光电继电器隔离电压高达 1500V，具有响应速度快、灵敏度高，无需专门驱动电路，导通电阻稳定，开路漏电电流小，抗干扰性强等优点。

当前市面上可选的 PhotoMOS 继电器中，优选 AQW214，其电气原理如下。

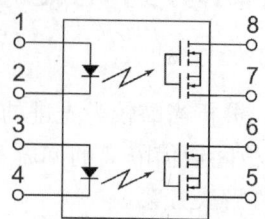

图 4-2　AQW214 电气原理图

选用基于光耦继电器开关阵列的电压监测，解决了串联电池组电压测量中数字信号的隔离和电压信号浮地等问题，有效地对抗外来干扰。此外，当外部输入由于误操作等原因接入瞬间高压或大电流时，它还可以保护 MCU 和其他硬件电路免受损坏。

该方案的不足之处为：第一，电压是轮询采样的，信息采集的速度较低，实时性差；第二，电压采集精度较低；第三，存在的问题是继电器阵列器件较多，电路比较复杂。

4.1.2　基于差分运放的电压监测

在大容量大功率的直流电源系统中，动力电池组一般由很多单体电池串联而成，电池组的电压高达几十伏甚至上百伏，若将每个电池直接接入常规的差分模拟量通道，单体电池两端存在较高的共模电压，超过一般电子模拟开关（如 CD4051、MAX358 等）的共模电压输入范围。为了消除共模电压的影响，可以采用一种基于 PhotoMOS 隔离差分运算放大器的解决方案，其原理框图如图 4-3 所示。

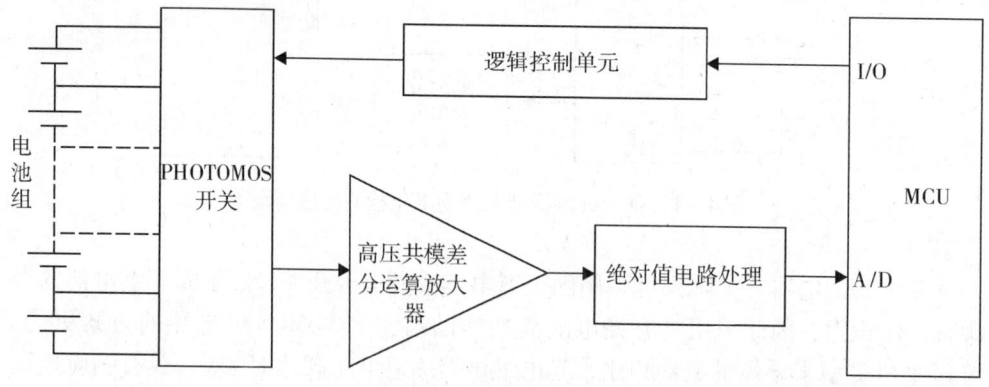

图 4-3　基于差动运算放大器的电池电压检测原理框图

电压采集电路主要由三部分组成,包括:基于 PhotoMOS 开关的电池通道选择模块及其逻辑控制单元,高压共模差分放大及绝对值电路,带 A/D 转换器的 MCU 电路等。

在实现该方案中,抗高共模差分运算放大器可以采用凌力尔特公司的 LT1990。该运放具有支持高压共模输入电压、低功耗、高精度、轨至轨输出(rail to rail output)等特点。当采用 5V 单电源时,其共模电压范围为 85V;采用 ±15V 供电电源时,LT1990 能够在 ±250V 共模电压范围内工作,从而对输入提供了故障保护,能承受 ±350V 共模电压瞬变和高达 ±500V 的差分电压。该方案中差分放大和绝对值电路原理图如图 4-4 所示。

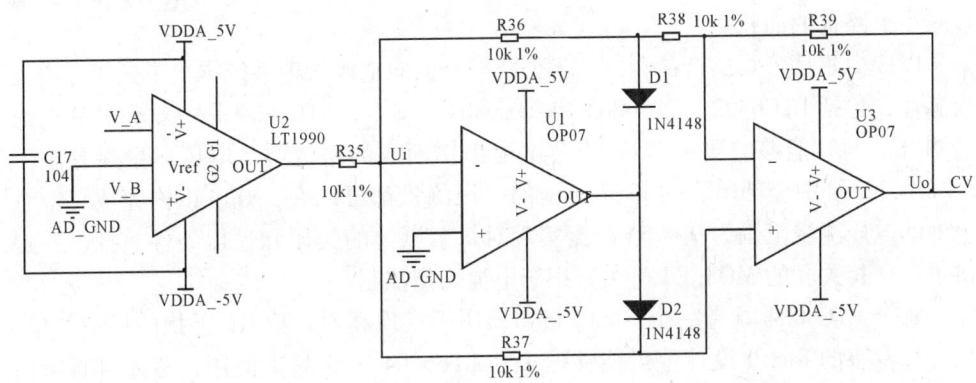

图 4-4 差分运算放大电路和绝对值运算电路

LT1990 差分运算放大器输出电压计算公式为:

$$V_{OUT} = G * (V_{+IN} - V_{-IN}) + V_{REF} \qquad (4-1)$$

其中,G 为可选择增益系数,V_{+IN}、V_{-IN} 为输入差分电压,V_{REF} 为基准电压。共模电压范围为:

$$V_{CM+} \leq 27 * V^+ - 26 * V_{REF} - 23 \qquad (4-2)$$

$$V_{CM-} \geq 27 * V^- - 26 * V_{REF} + 27 \qquad (4-3)$$

其中,V_{CM+}、V_{CM-} 为共模电压,V^+、V^- 为电源电压,V_{REF} 为基准电压。

图 4-4 中,由精密电阻分压电路和运放(OP07)构成精密绝对值电路。当 $U_i > 0$ 时,二极管 D_1 导通,D_2 截止,$U_o = U_i$;当 $U_i < 0$ 时,二极管 D_1 截止,D_2 导通,$U_o = -U_i$。通过 MCU 的 I/O 控制 PhotoMOS 的通断切换。由于电池处于串联状态,因此电池电压的采用需要用正负极同时切换,先将电压信号送入差分放大器和绝对值电路,再进入 MCU 的 A/D 通道进行处理。绝对值的电阻匹配是影响电池电压检测精度的重要因素之一,电阻匹配不好,将产生较大的误差。在绝对值运算电路中,所有电阻均采用偏差小于 1% 的高精度电阻。

上述基于差分运放的电压监测方案存在两点不足：第一，由于前端加入了较多的光电继电器，成本较高；同时，运算放大器采用正、负电源供电，增加了电路的复杂度。

4.1.3 基于专用集成芯片的电压监测

随着半导体工艺集成度的提高，许多大型半导体器件生产企业均面向电池管理系统开发出专用集成芯片，常用的有凌力尔特公司的 LTC6802、LTC6803、LTC6804 芯片，MAXIM 公司的 MAX14920、MAX14921 芯片，O2Micro 公司的 OZ8940 芯片以及 TI 公司的 BQ 系列芯片等。与前面的方案相比，基于专用集成芯片的电路不再需要使用 PhotoMOS 光耦继电器或者隔离器，电路得到了简化，可明显减小电路板的面积。

以凌力尔特公司的产品为例，该公司至今面向电源管理系统推出了三代专用集成芯片，包括 LTC6802、LTC6803 和 LTC6804。其中，LTC6804 是一款完整的电池监测 IC，每片能够监测由多达 12 节电池串接而成的电池组，电压测量误差小于 1.2mV，系统中全部串联的 12 个电池的电压测量都可以在 290μs 以内完成。单个电池的电压测量范围为 0~5V，能实现对每节电池的欠压和过压条件监控，并提供了一个相关联的 MOSFET 开关，用于电池均衡控制。

每个 LTC6804 具有一个 isoSPI 接口，用于实现高速、抗 RF 干扰的局域通信。该芯片专有的 isoSPI 设计使得能够把多个 LTC6804 串联起来使用，芯片可直接由被监测的电池组本身供电，也可以通过一个与电池隔离的电源供电。基于 LTC6804 芯片的电池电压监测如下图所示。

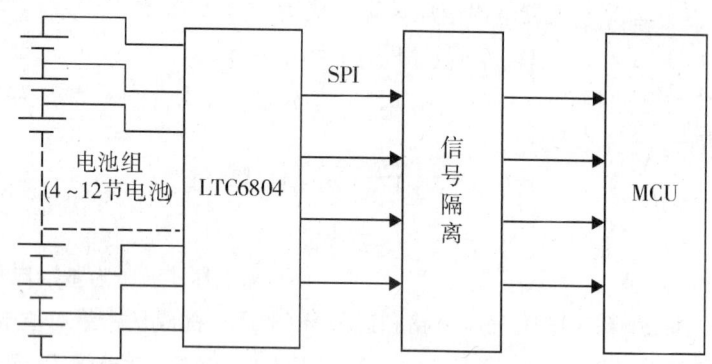

图 4-5　基于 LTC6804 芯片电池电压监测

本章后面的部分将对基于 LTC6804 芯片的电池管理系统进行更为详细的描述。

4.1.4 各种电压监测方案的比较

在笔者的上一本书(《电动汽车动力电池管理系统设计》)中,还提到了一种基于精密电阻分压的方法来对电压进行监控。下面,我们将基于精密电阻分压与上述介绍的几种电压监测方案进行对比,就电压采集精度、电路复杂度、是否存在漏电流、电阻匹配以及成本等方面进行分析和比较,结果如表4-1所示。

表4-1 电池电压检测方法比较

电压监测方案	采集精度	电路复杂度	是否存在漏电流	是否存在电阻匹配	成本
基于精密电阻分压的方案	低	简单	存在	存在	低
基于光耦继电器开关阵列的方案	较高	开关阵列电路复杂	不存在	不存在	较高
基于差分运放的方案	较高	运放电源电路复杂	存在	存在	高
基于专用集成芯片的方案	高	简单	存在	不存在	根据不同的芯片有所差异

4.2 精确的电压监测的意义

基于LTC6804芯片是目前高精度电压监测的首选方案。与以往的同类型芯片(包括凌力尔特公司的LTC6802、LTC6803等)相比,LTC6804在电压采集方面具有更高的精度和分辨率。截至2013年,LTC6804是唯一能把准确度做到mV级别的集成芯片。然而,精确的电压监测意义何在呢?本节对此进行分析。

4.2.1 精确的电压监测对电池组有效容量利用的意义

在笔者的前一本书中,曾经提到过为了避免电池的过充或过放,电池管理系统通常会让动力电池工作在SoC(荷电状态)为5%~95%的范围内。而就上一章关于电池劣化的因素来看,如果能让电池SoC处在20%~80%范围内工作的话,则对于减缓电池的老化,延长整个电池组的寿命具有非常积极的作用。然而,为了能对电池的充放电进行优化控制,就必须对电池进行较为准确的SoC估算,而准确的SoC估算就有赖于精确的电压监测。

为了说明精确测量电池电压状态的必要性，我们首先利用某型号的三元材料的锂离子电池的电动势曲线以及误差引起的 SoC 的有效范围的变化来加以说明，如下图所示。

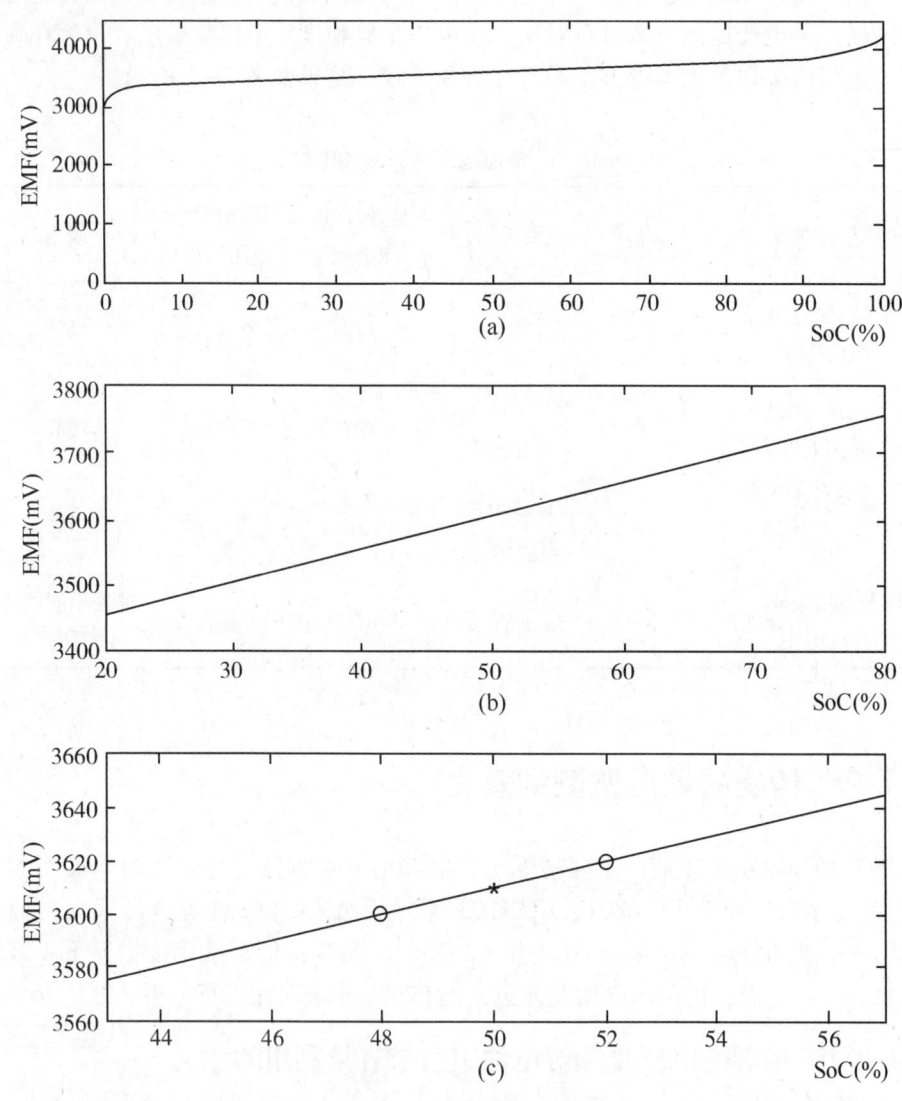

图 4-6　电压读数与 SoC 的关系（三元材料锂离子电池）

图 4-6 中，（a）是三元锂离子电池的 EMF-SoC 曲线，（b）是将 SoC 为 20%～80% 范围内对应的 EMF 值进行放大表示，（c）表示当 SoC = 50%，电压的测量误差为 ±10mV 时，可能引起的误判点。即，如果电压的测量误差为 +10mV 时，原本应该判为 SoC = 50% 的结果，将被错判为 SoC = 52%；同理，如果电压的测量

误差为 -10mV 时，原本应该判为 SoC = 50% 的结果，被错判为 SoC = 48%。

图 4-6（c）的情况可以推广到其他的 SoC 值，即对于不同的 SoC，因为电压监测值不准确，有可能会导致 SoC 值的误判，这个我们可以结合下图来理解。

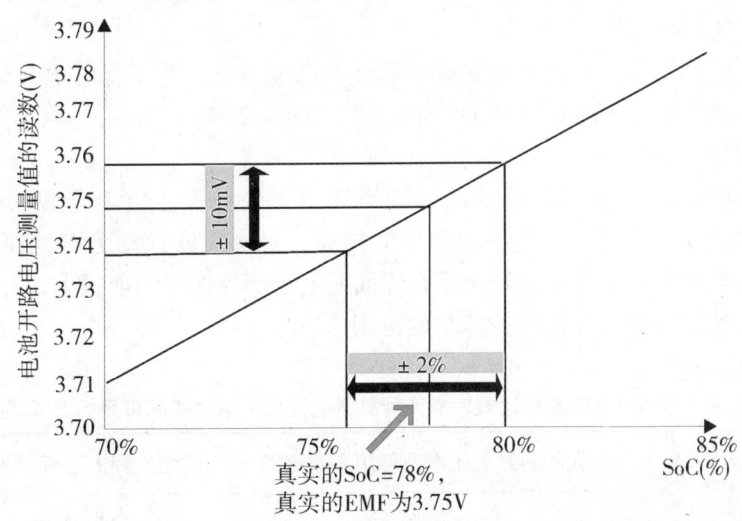

图 4-7　误差引起的可用容量的变化（三元锂离子电池）

图 4-7 中，如果某个电池真实的 SoC 值为 78%，其真实的 EMF 为 3.75V，但由于开路电压的测量值存在着误差，从电压传感器的读数的范围是 3.74～3.76V。如果从传感器的读数判断 SoC 值的话，其可能的 SoC 范围是 76%～80%，也就是因为电压传感器的不准确，可能会造成 SoC 值 ±2% 的误判。

在确认了电压测量不精确的前提下，为了保证电池的工作不超过限制条件，电池的工作范围必须受"隔离带"的限制，其原理解释如下：

（1）充电电压上限的隔离带

根据 EMF-SoC 曲线（a），理论上 80% 的 SoC 对应的电压是 3.76V，如果电压监测误差为 ±10mV，当真实 SoC = 80% 时，电压测量值最低可能是 3.75V；而当电压读数为 3.75V 时，真实的 SoC 有可能为 78%。为了延长电池的使用寿命，必须严格控制 SoC < 80%，那么我们更倾向于在 3.75V 的时候就不允许再对电池进行充电了，因此电池在工作中有可能在 78% 的地方就不允许再充电了，也就是相当于电池的有效容量减少了 2%（这个 2% 就相当于为了保证电池的健康而设置的隔离带）。

（2）放电电压下限的隔离带

类似地，我们可以推算，在电压下限方面，理论上 20% 的 SoC 对应的电压是 3.46V，如果电压监测误差为 ±10mV，当真实 SoC = 20% 时，电压测量值最高可能是 3.47V；而当电压读数为 3.47V 时，真实的 SoC 有可能为 22%。为了延长电池的使用寿命，必须严格控制 SoC > 20%，那么我们更倾向于在 3.47V 的时候就不允许再对电池进行放电了，因此电池在工作中有可能在 SoC = 22% 时就不允许再放电了，也就是相当于电池的有效容量减少了 2%（这个 2% 就相当于为了保证电池的健康而设置的隔离带）。

在以上的例子中，在电压监测值不够准确的前提下，为了保证电池组的健康，电池的工作范围不是 20%～80% 的范围，有可能是 22%～78%，从而可见，电池组的有效容量减少了 4%。

以上是根据三元材料锂电池的特性推算出来的数据。由于磷酸铁锂电池的 EMF-SoC 曲线更趋平缓，因此按照类似的推算，对磷酸铁锂动力电池而言，这样的容量损失会更加严重。下表列举了在不同的电压测量误差的前提下，三元材料锂电池与磷酸铁锂电池实际可用的 SoC 的范围比较。

表 4-2　不同的电压测量误差对应两种材料的锂离子电池实际可用的 SoC 范围

测量误差（mV）	三元材料锂离子电池可用 SoC 范围	磷酸铁锂电池可用 SoC 范围
±1	20.2%～79.8%	20.725%～79.275%
±5	21%～79%	23.625%～76.375%
±10	22%～78%	27.35%～72.65%

从上表可以看出，对于三元材料的锂离子电池而言，如果把传感器的测量误差从 ±10mV 降低到 ±1mV 的话，电池组的有效容量将会从 56% 增加到 59.6%；对于磷酸铁锂电池而言，同样的情况，电池组的有效容量将会从 45.3% 增加到 58.55%，可见，增加精确的电压监测对有效利用电池组的容量有着重要的意义。

4.2.2　精确的电压监测对电池组均衡控制的意义

几乎所有的电池管理系统都带有电池均衡控制模块。均衡控制大致可以分为耗散型与非耗散型两种，其中，非耗散型均衡电路采用能量效率较高的变压转换电路，能量消耗小，均衡时间短，正逐步成为主流。凌力尔特公司所生产的 8584 芯片以及下一章所要介绍的 LTC3300 芯片，均是针对大功率动力电池组（特别是电动汽车用的电池组）所设计的能够实现非耗散型均衡控制的专用芯片。本书的下一章将会对此问题进行进一步的讨论。然而，在过去几年内，经常有同行工程师抱怨说："对于动力电池组而言，不均衡还好，有时候越均衡越糟糕，反倒不如不做均衡。"这样的认识是不正确的，主要是不了解动力电池的特性，并且搞不清 BMS 中电压传感器的精度与电池组均衡控制策略之间的关系，从而造成误解。

一般制订电池组均衡控制策略时,我们会基于三点考虑:

第一,均衡的目的并非希望电池的剩余电量达到一致,而是希望各个电池的 SoC 达到一致(关于剩余电量与 SoC 的区别,可以参考作者 2011 年出版的《电动汽车动力电池管理系统设计》一书的第七章);

第二,在一定的温度条件下,电池的 SoC 与电池的电动势具有明确的函数对应关系;

第三,如果电池静置足够长的时间,电池正负极两端的电压值将会与电池的平衡电动势对应。

由以上三点可知,在均衡控制过程中,为了最终实现电池的 SoC 的一致,可以通过测量电池极柱的电压来进行判断。下面我们将分别基于"被动均衡"和"主动均衡"两种不同的策略,就精确的电压监测对电池组的均衡控制的意义进行分析。需要强调的一点是:我们这里所说的"被动均衡"和"主动均衡",是按均衡控制的触发时机来分的。这里所谓的"主动均衡",指的是发现电池存在 SoC 不一致的情况就马上进行均衡,而不需要等到充电的末期或者放电的末期再做均衡。(读者可以参考 2011 年出版的《电动汽车动力电池管理系统设计》一书的第八章,这里不再赘述。)

1. 对被动均衡的影响

被动均衡一般在充电末期或者放电末期触发,其与电压监测精度的关系相对来说比较简单,可以参考上一小节的图 4-7 来理解。如果某个 BMS 电压监测的最大误差为 ±10mV,对于某三元材料的锂离子电池而言,在 SoC = 80%(即到达优化充电的上限)附近,可能对应的 SoC 的估算判断误差为 ±2%。这意味着 ±10mV 的电压监测误差对于均衡控制策略的影响如下:

第一,由于 ±10mV 对应着最大电压差是 20mV,因此两个电池的开路电压相差小于 20mV 时被动均衡不再进行。

第二,由于 ±2%(相应 ±10mV)对应的 SoC 差异为 4%,因此在被动均衡停止时,电池组内单体电池的 SoC 的不一致,最大可以达到 4%。

以上是对电压误差为 ±10mV,三元材料电池的情况,如果对于磷酸铁锂电池而言,参考表 4-2,其 SoC 不一致最大可达 14%。当然,如果把电压监测精度提高,使误差为 ±1mV,那么对三元材料锂电池来说,均衡后 SoC 的不一致最大为 0.4%;即使对磷酸铁锂电池而言,均衡后 SoC 的不一致最大也只有 1.45%。可见,当电压监测误差提高了以后,被动均衡的效果将得到明显提升。

2. 对主动均衡的影响

主动均衡控制可以在任何时候触发,包括在电池组正在进行大电流充电或者大电流放电的过程之中。一个电池组内的电池差异性越大,主动均衡触发的时机将会是越早越好。

下面,我们通过一个实际的例子来说明精确的电压监测对主动均衡控制的意义。在这个例子中,电池组由多个电池组成,但其中一个电池(不妨记为"电池A")的容量相对比较低。必须强调的是,电池容量低并不意味着SoC低,对于一个标称100Ah的电池组来说,某个电池(电池A)的实际容量为92Ah,那么我们就说这个电池比其他电池的容量相对较低。

假设在最初状态下,所有的电池都充了80%的电量,然后开始放电。由于电池组内所有电池是串联的,每个电池所放出的电量相同的前提下,容量较小的电池A的SoC将会比其他电池的SoC小,并且随着放电的不断进行,电池A的SoC偏离其他电池越来越多。其过程解释如下:

(1)原来整个电池组的SoC都是80%,电池包内其他电池的剩余电量都是80Ah,电池A因为容量小(92Ah)是73.6Ah。

(2)工作过程中,电池组放掉了10Ah的电量,由于是串联,因此相当于每个电池都放掉了10Ah的电量,那么其他电池剩余70Ah的电量,SoC=70%(70Ah/100Ah),而电池A剩余电量变为63.6Ah,SoC=69.1%(63.6Ah/92Ah),也就是说,其SoC的不一致性增大了0.9%。

(3)接下来,电池组继续放电,再放掉了10Ah的电量,由于是串联,因此相当于每个电池都总共放掉了20Ah的电量,那么其他电池剩余60Ah的电量,SoC=60%(60Ah/100Ah),而电池A剩余电量变为53.6Ah,SoC=58.3%(53.6Ah/92Ah),也就是说,其SoC的不一致性增大至1.7%。

(4)如此类推……

由以上(1)~(4)可见,随着电池组放电继续进行,电池A的SoC偏离其他电池将会越来越多。

当电池A的SoC偏离其他电池达到一定程度时,BMS将通过非耗散型均衡控制,使得电池组内其他电池的电荷转移到电池A之中。那么,这个均衡控制触发的时机,将会与电压监测的精度有关。

图4-8展示了在不同的电压监测精度下,均衡控制的触发时机的差别。解释如下:

(1)还是沿用以上的电池组的例子,即电池组标称容量为100Ah,其中某个电池(A)的实际容量为92Ah,电池A相比较于组内其他电池容量少了8%。

(2)与前面所说的一致,我们认为电池工作在SoC为20%~80%区间内对电池的循环寿命有利。

(3)如果BMS的电压监测误差为±1mV,即系统发现电池的EMF差异大于2mV的时候开始启动均衡(如图中B_1点),此时电池组的不均衡度大概为0.4%。

(4)如果BMS的电压监测误差为±10mV,即系统发现电池的EMF差异大于20mV的时候开始启动均衡(如图中B_2点),此时电池组的不均衡度大概为4%。在B_2点,电池组的SoC只剩下大概35%左右,距离20%的截止线已经比较近了,留给BMS来做均衡的空间相对比较小了。如果在"电池A"到达20%之前,BMS

仍然不能消除其不均衡度的话，那么就被迫停止放电了，此时相当于电池组的整体有效容量减少了，从而造成了浪费。最极端的情况下，这样的浪费可以达到4%，这对于100Ah的电池组来说，相当于浪费了4Ah，如果这个电池组是用在电动汽车上的，原本该汽车的续航里程为300km的话，那么就相当于续航里程损失了12km左右。

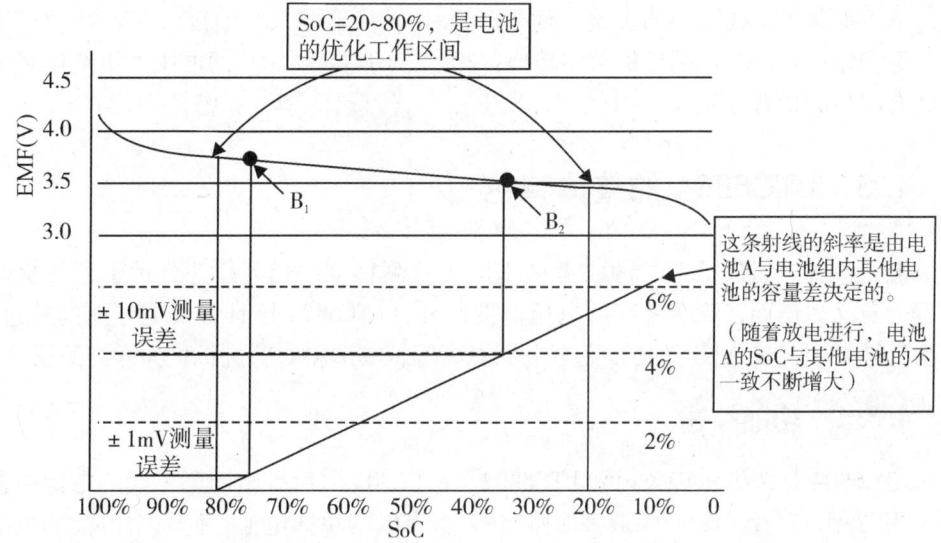

图4-8 电压监测精度为±1mV、±10mV时，主动均衡控制的触发时机的差别

由上面的推导可见，精确的电压监测对电池组均衡控制、对最大程度地利用电池组的有效容量，都具有重要的意义。需要注意的是，图4-8是针对三元材料的锂电池而言的。对于磷酸铁锂电池的情况，读者可以进行类似的推导。

4.2.3 LTC6804集成芯片对提高电压监测精度的贡献

从上面的分析可以得知，精确的电压监测，对电池管理系统来说是重要的。而且，大功率电池组往往应用在汽车等环境因素较不稳定的场合，干扰因素较多，要实现精确的电压监测具有较高的挑战性。目前，基于集成度较高的专用IC的电压采集方案正越来越多地运用到电池组的监控中，因为它们具有节约空间，低功耗，无需额外增加电源等突出的优点，并能在相当长的一段时间（不小于15年）内维持较高的测量精度。凌力尔特公司在2013年发布的LTC6804芯片则是其中具有代表性的IC，就提高电压监测精度而言，它在以下两个方面作出了贡献：

（1）LTC6804芯片采用了所用到的改良的齐纳电压参考，从而能够确保每个电池电压的测量误差小于1.2mV。事实上，在大多数的温度条件下，例如0～30℃范围内，电压的测量误差还可以控制在1mV以内，这一指标在迄今为止各种电池管理系统专用芯片产品中是最优的。

（2）LTC6804芯片，有效地消除了测量噪声的影响。事实上，大功率电池组往往被运用在复杂的电磁环境中。以电动汽车为例，周围的环境中存在着大量因逆变器、功率开关、继电器等导致的电噪声，这些噪声会叠加到电池的电压信号中，为实现精密的测量，这些噪声必须被过滤掉。LTC6804芯片面向电动汽车等实际应用环境，针对26Hz–27kHz的角频率噪声，在电压采集通道中自带一个三阶滤波器，从而抑制了干扰噪声的影响，优化了A/D转换器的采集速度。与以往的逐次逼近寄存器型（SAR）的模拟数字转换器相比，LTC6804芯片的电压采集精度和速度具有明显的优势。

4.3 LTC6804的整体特色

上一节着重讨论了LTC6804有助于电压监测精度的提高，并分析了精度提高以后的意义。然而，除了精确的电压监控以外，LTC6804还具有其他方面的特色，包括低功耗，高速A/D转换，完全电源隔离等，本节将对此进行更为详细的描述。

4.3.1 功能综述

LTC6804是凌力尔特公司继LTC6802、LTC6803之后推出的第三代的电池组监测专用芯片，每片LTC6804最多能监测12个串联的单体电池，而每个电池的电压范围可以从0至5V，可以对镍氢电池以及各种不同的锂离子电池进行监控。另外，LTC6804支持多种不同的电压采集模式，可以牺牲采集速率以提高采集精度，也可以提高采集速率但降低采集精度。其中，在高精度模式下，对每路单体电池的电压测量误差小于1.2mV；在高速率模式下，对每路单体电池的电压采集周期可以小于240μs。

如果只是具有比较高的电压监测精度，那么一般比较先进的ADC（数模转换芯片）都可以实现类似的功能；LTC6804之所以是面向多电芯、大功率动力电池组的BMS而设计的专用芯片，自然有着与一般ADC所不同的特点。其中，支持多个芯片协同工作以及灵活的系统拓扑结构形态就是其显著特色之一。多片LTC6804可以协同工作，并且可以通过级联与上位机进行通信，从而实现对100串以上的高压、大功率电池组的监控。此外，LTC6804所提供的isoSPI通信模式，能适应较为复杂的电磁干扰环境，较之于一般的集成电路，更适合用于电动汽车等特定的工作环境。

4.3.2 工作基本状态

LTC6804可以分割为两个相互并行的部分，即"核心电路"部分以及"通信电路"部分，两部分的工作是相互独立的，其状态跃迁图也是相互独立的。

1. LTC6804 核心电路的状态图

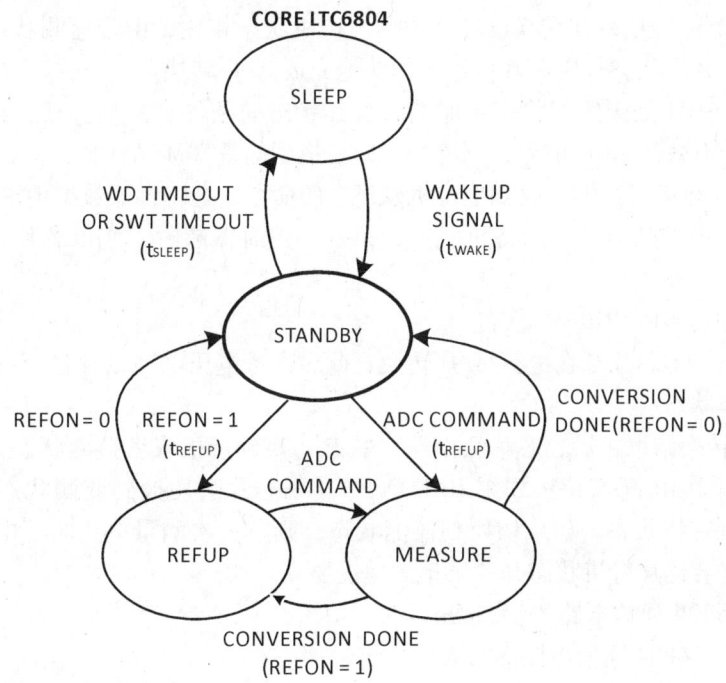

图 4-9 LTC6804 核心电路的状态图

上图为 LTC6804 核心电路的状态图,解释如下:

(1) 睡眠(SLEEP)状态

在睡眠状态下,参考电压电路以及 A/D 转换电路将会停止工作,看门狗定时器处于"超时",而由软件控制的放电定时器处于"失效"或者"超时"状态。此时,芯片的工作电流将处于最低值,而 isoSPI 端口将处于"空闲"状态。

当 LTC6804 从串口收到"唤醒(WAKEUP)"信号时,会从"睡眠"状态切换至"待机(STANDBY)"状态,这是唯一可以使 LTC6804 摆脱"睡眠"状态的方法。

(2) 待机(STANDBY)状态

在待机状态下,参考电压电路以及 A/D 转换电路将会停止工作,而看门狗定时器以及由软件控制的放电定时器处于工作状态。此时,芯片处于功耗较低的状态,而 isoSPI 端口将处于"空闲"状态。此时,引脚 DRIVE 通过外部晶体管电路将管脚 V_{REG} 拉到 5V(当然,也可以直接通过外部电路供电给管脚 V_{REG})。

此时,如果接收到一个有效的 ADC 信号,并且寄存器数组中 REFON 位是"1"的话,LTC6804 芯片将会在暂停 t_{REFUP} 之后进入监测(REFUP)或者测量(MEASURE)状态;反之,在经过 t_{SLEEP} 时间(并且看门狗定时器及软件放电定时器均已超时)以后芯片回复到睡眠状态。

(3) 监测 (REFUP) 状态

芯片处于监测状态的前提是寄存器数组中 REFON 位是"1",并且没有接收到 ADC 命令或者上一次 A/D 转换已经完成。与待机状态相比,由于监测状态下参考电压电路处于开启状态,则芯片可以更加快地完成 A/D 转换。

如果 LTC6804 处于监测状态,那么改变其状态的条件有三种方式:第一,芯片接收到一个有效的 ADC 信号,则将会立即切换到测量 (MEASURE) 状态,并且开始进行 A/D 转换;第二,收到上位机发过来的命令,把寄存器数组中 REFON 位设为"0",此时芯片会切换到待机状态;第三,定时器超时,使得芯片自动重新回到待机状态。

(4) 测量 (MEASURE) 状态

这个状态表示芯片正在进行 A/D 转换,此时参考电压电路以及各个 ADC 转换器都处于工作状态。

当 A/D 转换结束之后,芯片会由测量状态切换到待机或者监测状态,这取决于寄存器数组中 REFON 位:如果 REFON = 1,则芯片会切换到监测状态;反之,芯片会切换到待机状态。如果切换到监测状态,则下一次测量电压时,电压的 A/D 采集速度将会比从待机状态开始采集的速度要高。

2. LTC6804 通信电路的状态图

下图为 LTC6804 通信电路的状态图,解释如下:

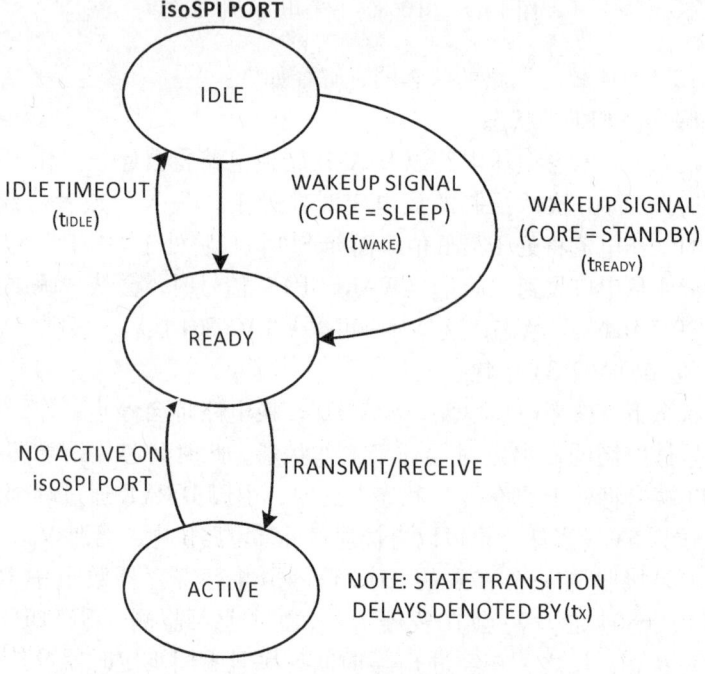

图 4-10 LTC6804 通信电路的状态图

第四章　先进的动力电池管理系统硬件

(1) 空闲 (IDLE) 状态

isoSPI 处于空闲状态意味着 isoSPI 端口处于关闭状态。

如果此时芯片接收到从上位机发过来的"唤醒 (WAKEUP)"信号，则 isoSPI 将会切换到预备 (READY) 状态。isoSPI 从"空闲"切换到"预备 (READY)"的时间间隔，取决于芯片的核心电路那边处于什么状态。如果核心电路处于睡眠模式，则切换速度较慢（切换时间为 t_{WAKE}）；而如果核心电路处于待机模式，则切换速度较快（切换时间为 t_{READY}），因为在待机模式下，DRIVE 引脚以及管脚 V_{REG} 均已处于工作状态。

可见 $t_{READY} < t_{WAKE}$。

(2) 预备 (READY) 状态

当 isoSPI 处于预备状态意味着 isoSPI 端口随时准备好可以进行通信。

如果在 t_{IDLE} (5.5ms) 内，LTC6804 没有进行任何通信活动，则会自动切换回空闲状态；如果该时间内，LTC6804 发出或接收到通信数据，则 isoSPI 将会切换到活动 (ACTIVE) 状态。

(3) 活动 (ACTIVE) 状态

当 isoSPI 处于活动状态意味着 isoSPI 端口正在进行通信，此时，通信接口所消耗的功率将比处于其他两种状态时都要大。若通信的时钟频率越高，则意味着通信所消耗的电流越大。

4.3.3 新特点

LTC6804 作为凌力尔特公司推出的第三代的电池组监测专用芯片，较之于之前的芯片型号将会有一些新的特点、优点，本小节将对其中几个重要的方面进行描述。

1. 功耗

LTC6804 的供电来源于两个输入引脚，即 V^+ 和 V_{REG}。其中，V^+ 的电位需要大于或等于需要被监控的电芯的最高电位，用于供给核心电路的高压部分，通常可以与整个电池组的最正极相连。V_{REG} 需要输入 5V 的电压，用于供给核心电路的非高压部分以及供给 isoSPI 通信回路。V_{REG} 通常可以由芯片自带的 DRIVE 引脚加上外部附加的晶体管驱动回路产生，当然也可以直接外接到电池组以外的 5V 电路。LTC6804 的功耗由核心电路的功耗和 isoSPI 通信回路的功耗两部分组成，并且与其所处的工作状态相关。

(1) 核心电路的功耗

下面表 4-3 显示的是当 LTC6804 处于不同的状态下，核心电路的功耗情况。可以看出，当芯片处于睡眠 (SLEEP) 模式下，芯片的功耗最小，从 V^+ 和 V_{REG} 两个引脚输入的电流可以低至几个 μA；而当芯片处于测量 (MEASURE) 模式下，芯片的功耗最大，从 V^+ 输入的电流为 550μA，而从 V_{REG} 引脚输入的电流为 11.5mA。

表 4-3 LTC6804 核心电路的功耗

STATE		I_{V+}	$I_{REG(CORE)}$
SLEEP	$V_{REG}=0V$	3.8μA	0μA
	$V_{REG}=5V$	1.6μA	2.2μA
STANDBY		32μA	35μA
REFUP		550μA	450μA
MEASURE		550μA	11.5mA

（2）isoSPI 通信回路的功耗

下面表 4-4 显示的是当 LTC6804 处于不同的状态下，isoSPI 通信回路的功耗情况。从表中可以看出，通信回路的功耗和芯片的子型号（下一节将对此进行讨论）相关，也与当前所处的状态相关。

表 4-4 LTC6804 的 isoSPI 通信回路的功耗

isoSPI STATE	DEVICE	ISOMD CONNECTION	$I_{REG(isoSPI)}$
IDLE	LTC6804-1/ LTC6804-2	N/A	0mA
READY	LTC6804-1	V_{REG}	$2.8mA + 5 \cdot I_B$
		V^-	$1.6mA + 3 \cdot I_B$
	LTC6804-2	V_{REG}	$1.8mA + 3 \cdot I_B$
		V^-	0mA
ACTIVE	LTC6804-1	V_{REG}	Write: $2.8mA + 5 \cdot I_B + (2 \cdot I_B + 0.4mA) \cdot \frac{1\mu s}{t_{CLK}}$ Read: $2.8mA + 5 \cdot I_B + (3 \cdot I_B + 0.5mA) \cdot \frac{1\mu s}{t_{CLK}}$
		V^-	$1.6mA + 53I_B + (2 \cdot I_B + 0.2mA) \cdot \frac{1\mu s}{t_{CLK}}$
	LTC6804-2	V_{REG}	Write: $1.8mA + 3 \cdot I_B + (0.3mA) \cdot \frac{1\mu s}{t_{CLK}}$ Read: $1.8mA + 3 \cdot I_B + (I_B + 0.3mA) \cdot \frac{1\mu s}{t_{CLK}}$
		V^-	0mA

2. 两路 ADC

较之于之前两代芯片，LTC6804 在 ADC 方面是具有显著特色的，主要体现在以下两个方面。

(1) 采用两路 ADC，并且支持两路 ADC 同时工作

一片 LTC6804 最多可以对 12 个电池进行监控，为提高电压采集的时间效率，一个 LTC6804 芯片内采用了两路的 ADC，其中 ADC1 负责对处于低电位的 6 个电池进行电压采样，而 ADC2 负责对处于高电位的 6 个电池进行电压采样。在芯片处于测量（MEASURE）状态时，两个 ADC 将同时工作，以提高时间效率。

当然，ADC1 还可以用来对其他通用 I/O 端口的进行电压采样，可以用于温度采集或者电流采集等，ADC2 则不兼顾这个功能。

(2) ADC 的工作模式可变

为了提高 ADC 工作的灵活性，LTC6804 还支持多种不同的电压采集模式（包括 27kHz、14kHz、7kHz、3kHz、2kHz、26Hz 六种）。下表显示了在不同的采集模式下，电压采集的分辨率以及最大误差。从表中可见，工程师可以根据实际需要来选择不同的工作模式。例如，在进行安全保护时，可以采用 27kHz 模式，此时，电压采集的周期短，但分辨率、精度均较差；而在进行 SoC 估算时，可以采用 26Hz 模式，此时牺牲了电压采集的速率，但拥有较高的精度。

表 4-5 ADC 工作在不同模式下电压采集的最大误差

模式	常温（25℃）下的最大测量误差	极端温度（-40℃、85℃）下的最大测量误差	电压分辨率	不考虑噪声情况下的比特数
27kHz	±4.7mV	±4.7mV	±4mV	10bits
14kHz	±4.7mV	±4.7mV	±1mV	12bits
7kHz	±1.2mV	±2.2mV	±250μV	14bits
3kHz	±1.2mV	±2.2mV	±150μV	14bits
2kHz	±1.2mV	±2.2mV	±100μV	15bits
26Hz	±1.2mV	±2.2mV	±50μV	16bits

3. 两种连接方式

为了提高芯片在 BMS 使用中的灵活性，凌力尔特公司在其推出的每一代芯片中，都同时支持两种不同的连接方式，包括菊花链级联方式以及并行总线方式，这个传统在 LTC6804 中也毫不例外。与前代芯片稍有不同，LTC6804 推出的是 isoSPI 总线，其好处是具有更高的数据传输速度以及更好的抗干扰性；然而，与前代芯片相同，LTC6804 具有两个子型号（LTC6804-1 和 LTC6804-2）可供选择，他们分别支持菊花链级联方式以及并行总线方式。

下面,我们把凌力尔特公司三代 BMS 专用芯片所支持的连接方式用表格的方式归纳如下。

表4-6 凌力尔特公司电池组监测专用芯片所支持的连接方式

	支持菊花链通信方式的子型号	支持并行通信总线的子型号
第一代	LTC6802-1	LTC6802-2
第二代	LTC6803-1,LTC6803-3	LTC6803-2,LTC6803-4
第三代	LTC6804-1	LTC6804-2

关于菊花链级联方式以及并行总线方式的具体实施细节以及各自的特点,我们将在下一节进行更加详细的讨论。

4. 其他辅助功能

在笔者的第一本书中曾经提到,对于大功率动力电池组的监测而言,由于电池是基于大量电芯串联的,因此电压监测是最具有挑战性的一项。而作为专用的 BMS 芯片提供者,除了电压监测以外,凌力尔特公司在其推出的每一代芯片中,都兼顾了一些其他的辅助功能,这些功能包括:

- 电池组温度监控功能;
- 电池组电流监控功能;
- 耗散型的电池组均衡控制功能。

然而,作为新一代的 BMS 专用芯片,LTC6804 在这个方面具有更强、更灵活的功能。以下分两个方面进行叙述。

(1) 灵活的、高精度的 A/D 采样

以 LTC6802 为例,芯片支持 2 路的温度传感器输入,其 A/D 转换的的分辨率为 2^{10}。另外,还预留了 2 路通用的输入、输出引脚(GPIO pins),可以连接专用的电流、温度传感器,其 A/D 转换的分辨率同样为 2^{10}。当然,LTC6802 也可以通过扩展的 GPIO 引脚来实现 2^{16} 的分辨率,但这是以牺牲电流、温度监测为代价的。

然而,在 LTC6804 中,类似的扩展功能变得更加灵活,芯片提供了 5 路通用的输入、输出引脚(GPIO pins),每一个 GPIO 引脚既可以作为温度传感器的输入端,也可以作为电流传感器的输入端。由此可见,LTC6804 对于其他物理量的监控,在数量上、灵活性上,都比前 2 代芯片具有更加优胜之处。

不仅如此,LTC6804 的 5 个 GPIO 引脚都与片内的 ADC1 相关联。前面已经描述过,ADC1 具有 2^{16} 的采样分辨率,从而保证了使用 LTC6804 来监测温度、电流具有更高的精度。

(2) 增强的耗散型均衡控制功能

凌力尔特公司在其推出各代的 BMS 专用芯片中都考虑到了耗散型均衡控制的

功能。在 LTC6804 中，这方面的功能得到了进一步的增强，体现在两个方面。

其一，为耗散型均衡控制增加了放电定时器（discharge timer）。以 LTC6802 为例，在耗散型均衡控制过程中，如果需要对某个电芯进行均衡控制，则在开始均衡时，由上位机向 LTC6802 发出开始放电的指令，对相应的寄存器进行置位；而在均衡结束时，上位机也要发出指令，清除相应的控制位。然而，由于 LTC6804 中增加了放电定时器，因此上位机可以向芯片发出定时放电命令，可以对某个电芯放电 30 秒，然后停止放电。在此过程中，上位机只需要在一开始的时候发出一个控制命令，从而无须在上位机设置定时器，大大节约了上位机的资源。

其二，为提高芯片的可靠性，LTC6804 中还增加了热保护（thermal shutdown）功能。即在耗散型均衡控制过程中，由于对电池放电，可能造成芯片过热的情况，如果此时芯片失效的话，将会是非常危险的。为了避免这种情况的发生，LTC6804 在监测到温度达到 150℃ 左右会启动自我保护功能，关闭所有的均衡控制端口，从而避免过热情况的发生。

4.4 采用 isoSPI 的优势

isoSPI，是 isolated serial peripheral interface 的缩写，中文可以翻译为隔离的 SPI 总线或者差分 SPI 总线，为了简单起见，本书仍然将其简称为 isoSPI。严格来说，LTC6804 同时支持传统的 SPI 总线以及 isoSPI 总线。与传统的 4 线制（4 - wire）的 SPI 总线相比，isoSPI 采用 2 线制（2 - wire）的形式，一方面减少了通信时连线的数量，另一方面，有助于板件级联的时候，对抗电磁干扰，以提高板间通信质量。而且，LTC6804 在进行菊花链连接时，只支持 isoSPI，而不支持 4 线制的 SPI。本节将重点讨论 isoSPI 的优势。

4.4.1 isoSPI 用于大功率动力电池管理系统的优势

对于 HEV、PHEV 和 EV 等大功率动力电池组而言，由于电池数量较多，其电池管理系统（BMS）采用集中式的解决方案是不现实的，因此，多采用分布式的架构。然而，这就带来了一个问题：由于采用了分布式结构，BMS 由分散在不同位置的电路板构成，板子与板子之间的通信就容易受到电磁干扰；对于大功率动力电池组而言，这样的电磁干扰尤为严重。基于差分通信总线的 isoSPI 正是以较低成本解决板间电磁干扰问题的技术方案。

1. 不采用 isoSPI 的解决方案

凌力尔特公司推出的第一代专用 BMS 芯片（LTC6802）支持基于 4 线制 SPI 总线的多芯片通信，其中也包括菊花链方式的级联方案。然而，当时的 SPI 总线并非采用差分的 isoSPI 方式，致使其无法运用到电动汽车等大功率动力电池组中。

笔者当时就遇到了这样的问题：按照 LTC6802 的 datasheet，设计好一套分布式

BMS 的电路板，在实验室内进行调试，可以正常工作；然而，等到把该 BMS 安装到电动汽车上以后，由于受到了较强的电磁干扰，该 BMS 无法正常工作。

为了解决以上问题，对于电池管理系统的每一块子板（BMC），笔者在一块 LTC6802 的基础上加入了一片带 CAN 总线的单片机（MCU），再经过通信隔离回路与 CAN 总线连接，从而实现与上位机的信息交换，如下图所示。

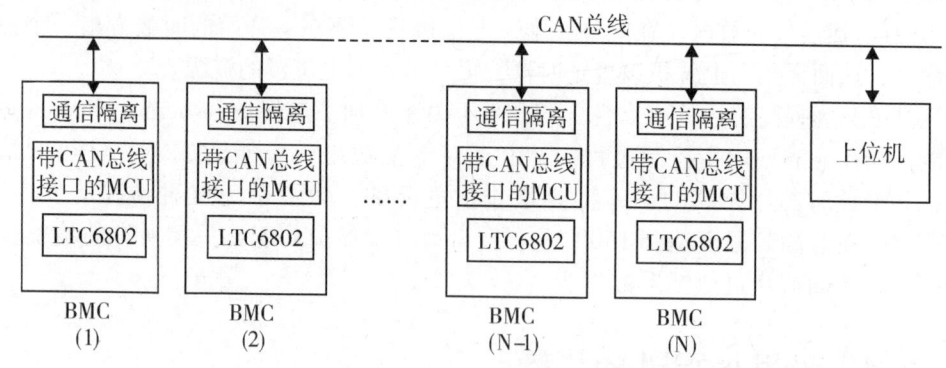

图 4-11 在 LTC6802 的基础上加入额外的电路实现信息交换

从上图可见，加入了 MCU 和通信隔离电路以后，板与板之间的通信干扰问题得到了克服，也实现了上位机与子板之间的信息交互，但所增加的额外的电路使 BMS 的体积增大，并且会增加不少的器件成本。

2. 采用 isoSPI 的好处

正是了解到 LTC6802 等早期的芯片存在以上的问题，凌力尔特公司在 LTC6804 中采用了 isoSPI 通信接口，除了 LTC6804 芯片本身之外，只需要在 BMS 子板上增加一个普通的、廉价的变压器，就可以实现上位机与 BMS 子板之间的电隔离。如果上位机本身不支持 isoSPI 接口，则只需要在 BMS 上位机一侧增加一片 LTC6820 芯片就可以了。（更为详细的连接细节将会在下一节中进行描述。）

isoSPI 之所以能解决复杂的干扰问题，主要是采用了"平衡"双线（两条线都不接地）差分信号，这些与"以太网"中用双绞线对抗复杂的电磁干扰环境的原理是类似的。当干扰噪声出现在导线上，由于两条导线（共模）上的噪声几乎相同，因此，传输的差模信号相互之间相对地不受影响。当然，isoSPI 与"以太网"通信的不同之处在于它使用了一对（2 根）双绞线实现了全双工的通信；而"以太网"使用的至少是两对（4 根）双绞线。当然，isoSPI 的通信速率不如"以太网"，只支持 1Mbps 的信号速率，但这对于电池管理系统的信息传递来说已经完全足够了。

由上面的叙述可知，使用了 isoSPI 以后，可以节约了图 4-12 中额外的单片机以及 CAN 通信电路，只需要保留一个普通的隔离变压器即可，这样一来，使用

第四章 先进的动力电池管理系统硬件　　99

LTC6804 芯片以后，BMS 子板的体积得到了压缩，也可以节约了由 CAN 总线通信电路带来的额外的成本。

4.4.2 使用 isoSPI 的技术细节

在使用 isoSPI 接口时，需要注意一些技术细节，下图大致反映了一些需要注意的情况，具体如下：

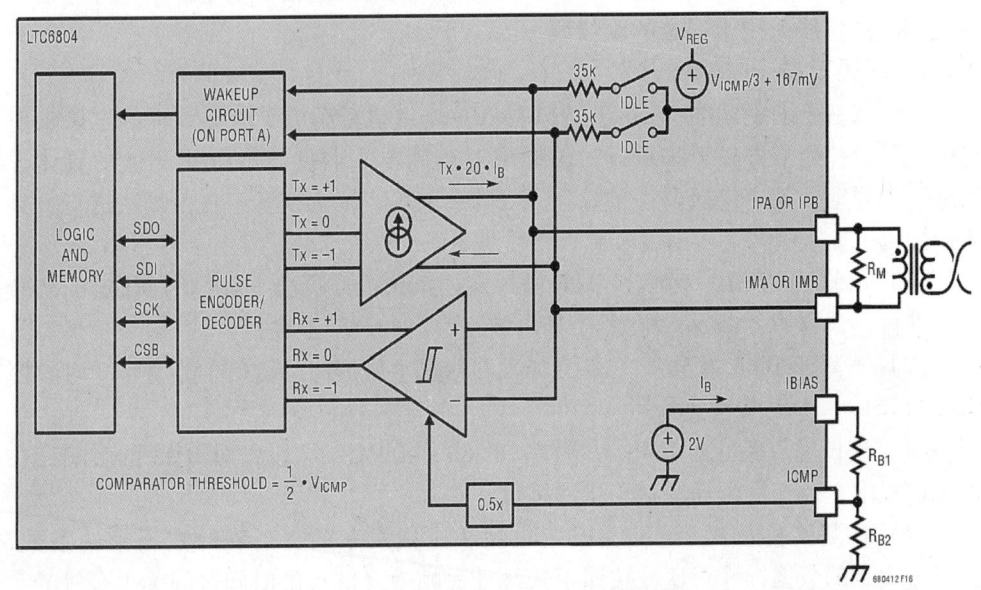

图 4 – 12　LTC6804 的 isoSPI 接口

（1）芯片内部产生标准的 SPI 信号通过内部的逻辑电路被编码成差分脉冲与外部连接；同时，外部的 isoSPI（差分信号）也将被解码为标准的 SPI 信号，被 LTC6804 芯片内部的其他逻辑电路所使用。

（2）芯片内部产生一个 2V 的参考电压，通过引脚 IBIAS 与外部的两个电阻 R_{B1}、R_{B2} 相连。由图中可见，R_{B1}、R_{B2} 串联以后，能产生参考电流 I_B，并且由于串联分压产生了一个电压阈值，作用于 ICMP 引脚。

（3）为隔离芯片外部需要配置一个共模扼流圈（CMC），这是一个很小的变压器单元，其作用是隔离从外部总线上耦合过来的残留的高频共模噪声，并提高板子抗浪涌电流的特性。

（4）由于 isoSPI 使用的是差分信号，因此 LTC6804 经过 CMC 之后，一般会与一对双绞线进行连接。双绞线是由一对相互绝缘的金属导线绞合而成，一根导线在传输中辐射的电波会被另一根导线上发出的电波抵消，由此可以抵抗一部分来自外界的电磁波干扰，而且可以降低自身信号的对外干扰。

4.4.3 使用 isoSPI 的效果检验

使用 isoSPI 能简化器件成本，解决了电路板与电路板之间的通信干扰问题。为了检验其效果，我们设计了两套 BMS 系统进行对比，每套系统都分别由一块主板与一块子板构成。其中，系统 1 的主板与子板分别由带屏蔽的金属外壳封装，板与板之间的通信是基于普通的 4-线制 SPI 电路，通信线采用屏蔽线；系统 2 的主板与子板也分别由带屏蔽的金属外壳封装，板与板之间的通信是基于 2-线制的 isoSPI 电路，通信线采用带屏蔽的双绞线。

1. 测试要点

本测试基于国家标准（GB/T 17619-1998）《机动车电子电器组件的电磁辐射抗扰性限值和测量方法》来进行。该标准对车用电子器件电磁抗扰测试的具体方法进行了规定，其中包括设备布置、天线的选取等。本测试基于自由场法进行，具体包括以下要点：

（1）试验被安排在一个经中国合格评定国家认可委员会（CNAS）认定的实验室中进行，被测的 BMS 安放在一个半电波暗室内的台架上进行。

（2）被测的 BMS 的放置、相关场发生装置的放置、天线的放置等，均参照 GB/T 17619-1998 标准进行。

（3）测试重点关注对 BMS 影响较大的 80-400MHz 频段，对 BMS 的影响，在测试过程中，改变自由场辐射干扰的强度。

（4）在测试过程中，记录主板上收到从子板发来的、正确的数据帧的条数，与应该收到的数据帧作对比，按照下式统计丢帧率（统计的时间区间为 1 分钟）

$$丢帧率 = \frac{应收到的数据帧数量 - 实际收到的数据帧数量}{应收到的数据帧数量} \times 100\% \quad (4-4)$$

2. 测试结果与讨论

经测试，得到两种不同的板间通信方式下，BMS 的丢帧率，如下表所示。

表4-7 两种不同的板间通信方式下，BMS 丢帧率的比较

测试条件	基于 4-线制 SPI 的 BMS	基于 2-线制 isoSPI 的 BMS
50V/m，80MHz-400MHz	7.14%	0
75V/m，80MHz-400MHz	11.04%	2.94%
100V/m，80MHz-400MHz	40.95%	9.38%

对以上测试结果的讨论如下：

（1）根据国家标准（GB/T 17619-1998）的要求，测试频率范围为 80MHz-

1000MHz，在实际测试中，分成两段执行（即 80MHz – 400MHz，400MHz – 1000MHz）。从测试结果发现高频段干扰（400MHz – 1000MHz）对 BMS 的工作几乎没有影响，所以只需统计低频段（80MHz – 400MHz）的丢帧率即可。

（2）从测试结果中可以看出，在相同的干扰条件下，基于 2 – 线制 isoSPI 的 BMS 的丢帧率明显小于基于 4 – 线制 SPI 的 BMS，可见基于 2 – 线制的 isoSPI 通信在抗干扰方面具有明显的优势。

（3）在干扰强度较大的情况下，基于 2 – 线制的 isoSPI 电路仍然会出现一定的丢帧，这个有可能是因为被测的 BMS 的双绞线的屏蔽层与电路板金属外壳之间没有完全密封，辐射缝隙耦合到了 BMS 子板中造成的。

（4）由于 LTC6804 支持 CRC 校验，在实际工作中，小于 10% 的丢帧率基本上是不会影响 BMS 系统的正常工作的。

4.5 基于 LTC6804 的 BMS 系统结构

如前所述，凌力尔特面向电源管理系统推出的每一代专用的集成芯片都兼顾了两种不同的系统拓扑结构，以提高系统构成的灵活性。事实上，LTC6804 芯片有两个可选的子型号（LTC6804 – 1 和 LTC6804 – 2）。本节将对几种基于 LTC6804 的两种不同的 BMS 系统结构进行描述，以帮助读者体会其在系统构成中的优势。

4.5.1 LTC6804 的两种子型号的差别

LTC6804 芯片有两个可选的子型号分别是 LTC6804 – 1 和 LTC6804 – 2。当 BMS 需要用到多片 LTC6804 时，其不同子型号的芯片就对应着不同的连接方式，如下图所示。

图 4 – 13（a）是基于 LTC6804 – 1 的连接，上位机通过一片 LTC6820（图中并未将上位机画出）与 4 片 LTC6804 – 1 以菊花链的方式相连。每一片 LTC6804 – 1 都有两个通信口（分别记作 A 口和 B 口），其中，A 口与上一级的芯片相连，B 口与下一级的芯片相连。如果本芯片是菊花链中的最后一片，则 B 口不使用。事实上，通过菊花链的方式可以连接更多的 LTC6804 芯片，而不仅限于图中的 4 片。

图 4 – 13（b）是基于 LTC6804 – 2 的连接，上位机（图中并未将上位机画出）通过一片 LTC6820 与 4 片 LTC6804 – 2 以并行总线的方式相连。与 LTC6804 – 1 不同，每一片的 LTC6804 – 2 都有 1 个通信口（记作 A 口）与上一级的芯片相连。可见，所有芯片的 A 口都并联在一起。与 LTC6804 – 1 的第二点不同是每一片的 LTC6804 – 2 都有 4 个地址引脚（记为 A3，A2，A1，A0），构成了 4 位（总共是 16 种排列组合）的地址，以区分不同的芯片。

以上是基于 LTC6804 两个子型号的基本连接方式。更多的细节我们将在后面两个小节中进行讨论。

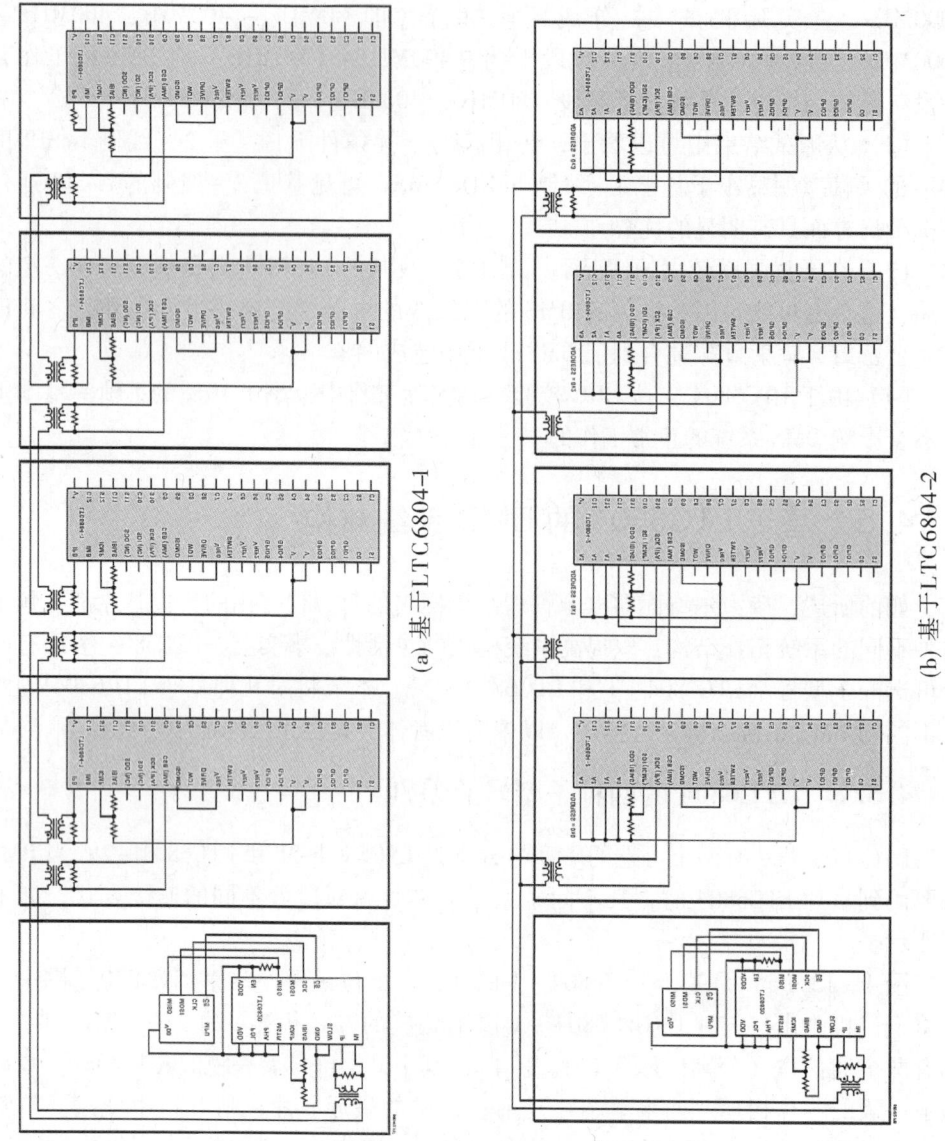

图 4-13 基于 LTC6804 两个子型号的连接方式

4.5.2 基于单片 LTC6804 的 BMS 结构

如果电池组中电池的数量小于 12，则完全可以利用一片 LTC6804 芯片对其进行管理，此时，选用 LTC6804-1 或者 LTC6804-2 均可以胜任，因为二者在单独运用时差别不大。需要提醒读者的是，在使用单个 LTC6804 的时候，要注意以下两个问题：

第一，为使 LTC6804 能够正常工作，电池组的总电源不得小于 11V。为此，电池组内电池的数量是有限制的。例如，对于磷酸铁锂电池而言，如果单体电池的最低电压允许为 2.2V，则电池的个数不得小于 5 个；而对于锰酸锂电池来说，如果最低电压值允许为 2.8V，则电池的个数不得小于 4 个。

第二，LTC6804 内部有两个 ADC，ADC1 负责监测第 1 到 6 个电池，ADC2 负责监测第 7 到 12 个电池，两个 ADC 可以并行工作。因此，为了使两个 ADC 能够同时进行电压采样，我们可以把电池平均分为两组，并尽可能让两个 ADC 能有相同的工作负荷。图 4-14 所示为利用一片 LTC6804 监控 8 个电池的情况。为了优化连接，可将 C5、C6 引脚短接，将 C11、C12 引脚短接，并将短接后的引脚加入一个 100Ω 的电阻再与高电位相连。当遇到电池组内电池的数量为奇数的时候，ADC1 所负担的电池个数可以比 ADC2 多 1 个。

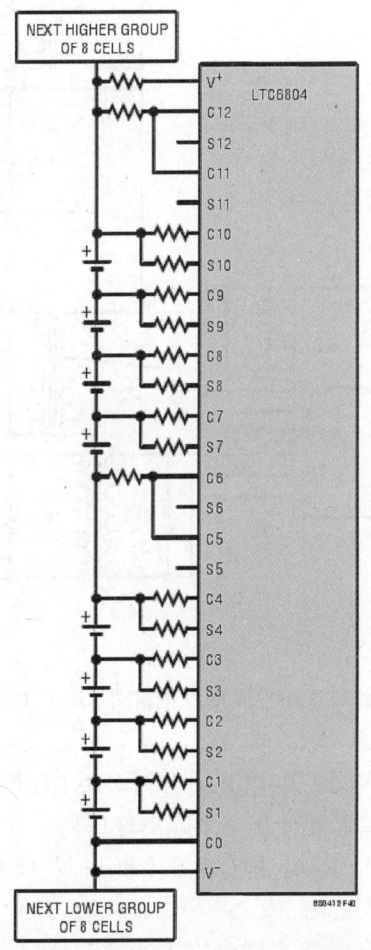

图 4-14　利用 LTC6804 监测 8 个电池时的优化连接

如果电池组内电池的个数超过12,则需要多于1片的LTC6804才能对其实现监控。多片的LTC6804可以安排在相同一块PCB上,也可以分散到不同的PCB上。下面我们先讨论在同一块PCB上布置多块LTC6804-1的情况。

4.5.3 在同一块PCB上布置多块LTC6804-1芯片的结构

既然采用isoSPI的好处是解决板间通信的抗干扰问题,那么对于多块LTC6804-1布置在同一块PCB上、电磁干扰问题相对不算严重的情况,我们在器件上是否能作一些简化呢? 答案是肯定的。

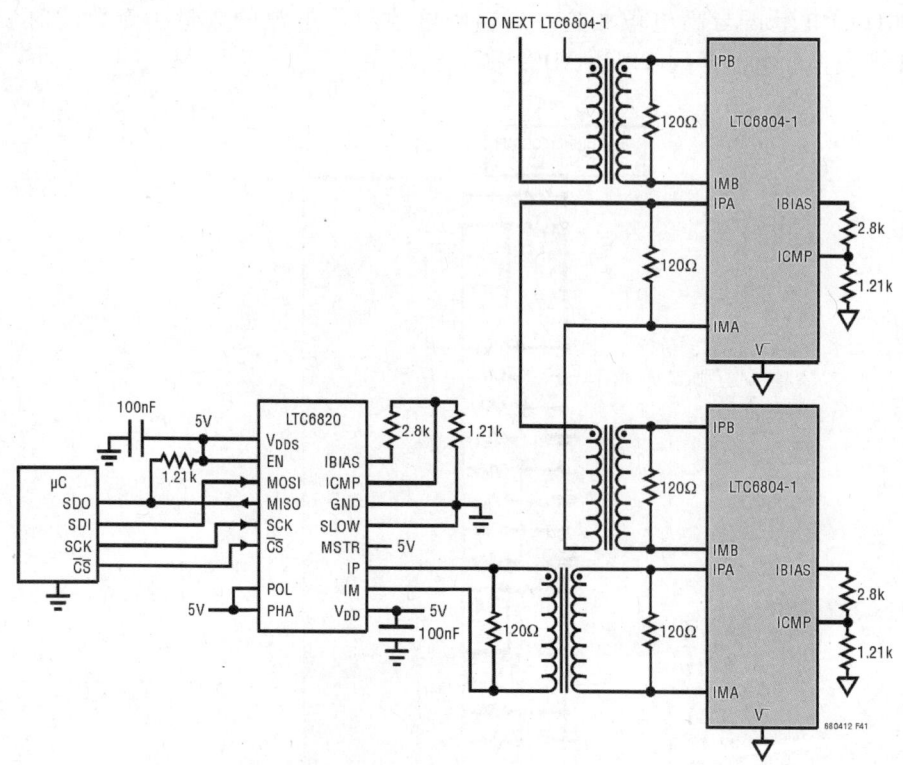

图4-15 多片LTC6804-1安排在相同一块PCB上的系统结构

上图所描述的,就是在同一块PCB上布置多块LTC6804-1芯片的结构。从图中可见,芯片与芯片之间只需要使用一个隔离变压器,而之前的分布式的子板都需要在A口、B口各用到一个隔离变压器。由此可见,微变压器的数量可以减少一半。

需要注意的是,市面上所能买到的嵌入式控制器(也可以是一片单片机,即图中的μC)一般都能支持4-线制的SPI通信协议,但支持isoSPI的却甚少。因此，图 4 – 15 中，与第一片 LTC6804 – 1 相连的是一片 LTC6820，这个芯片的主要功能，是将普通的 4 – 线制的 SPI 信号转换为 2 – 线制的 isoSPI 信号，下面的其他系统结构中，也会出现类似的需要加入 LTC6820 的情况。当然，如果系统所使用的嵌入式控制器（或者单片机）自带 isoSPI 功能的话，则可以不必使用 LTC6820。

4.5.4 基于菊花链的连接

前面已经提到，在一个分布式的 BMS 中，如果要使用菊花链方式来连接各个子板，则必须选用 LTC6804 – 1，一个典型的连接方式如下图所示。

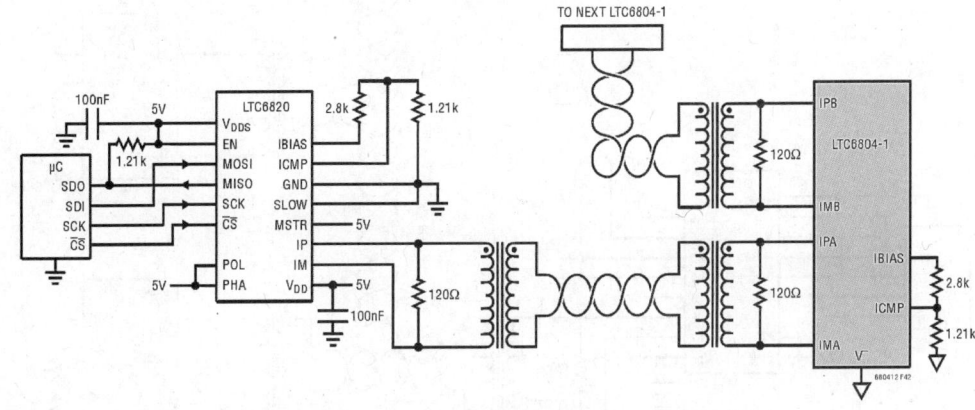

图 4 – 16 使用多片 LTC6804 – 1 构成一个分布式的 BMS

需要注意的是，图 4 – 16 中，多片 LTC6804 – 1 是布置在同一块 PCB 电路板上的；而在图 4 – 17 中，每一片 LTC6804 – 1 位于不同的 PCB 电路板上。对比图 4 – 16 中和图 4 – 17 可以发现，在分布式的 BMS 中使用 LTC6804 – 1 有两个特点：

第一，为了可靠的 isoSPI 通信，每一片 LTC6804 – 1 芯片都配有 2 个微变压器，分别位于 A 口和 B 口，其中 A 口的微变压器与菊花链的上级相连，而 B 口的微变压器与菊花链的下级相连。

第二，板子与板子之间所用的连线是双绞线（优选为带屏蔽的双绞线），而在图 4 – 16 中，因为所有 LTC6804 – 1 均位于同一块 PCB，所以芯片之间的连接不使用双绞线。

当然，在 BMS 主板（上位机的一方），使用了 LTC6820，主要是考虑到了上位机所采用的嵌入式系统（μC）不支持 isoSPI 总线的情况，主板与子板之间除了配置有微变压器以外，还使用了双绞线相连，以实现抗通信干扰的目的。

4.5.5 基于并联片选的连接

使用 LTC6804 芯片的另外一个子型号（LTC6804 – 2）可以构成并联方式的

isoSPI 网络,与基于 LTC6804-1 的菊花链连接方式相同,该连接方式支持由多块布置在不同 PCB 上的 LTC6804-2,共同组成一个分布式的 BMS,板子与板子之间使用双绞线连接(优选为带屏蔽的双绞线),以抵抗通信干扰,如下图所示。

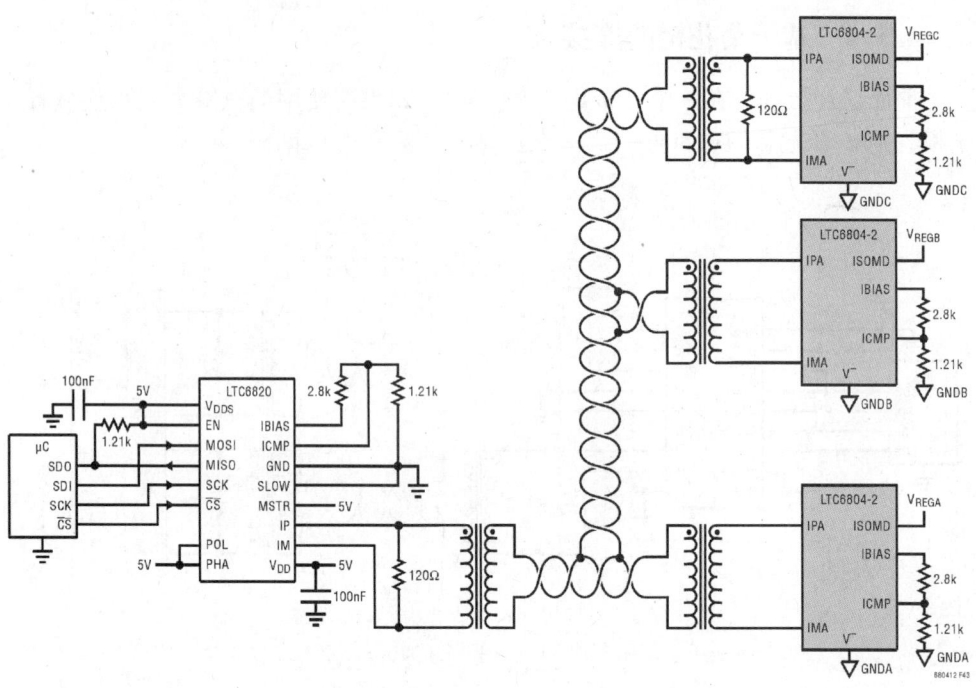

图 4-17 使用多片 LTC6804-2 构成一个分布式的 BMS

对比图 4-16 中和图 4-17 可以发现,使用 LTC6804-2 的系统所构成的是一个并联方式的总线网络,所有的 IPA 引脚都并联在一起,而所有的 IMA 引脚均相连。与基于 LTC6804-1 的菊花链连接相比,基于并联总线的结构有两个特点:

其一,LTC6804-2 芯片只有一个支持 isoSPI 的 A 口,而没有 B 口(实际上,LTC6804-2 相应的引脚被用于作为地址位)。其二,由于只有一个 isoSPI 端口,每一片 LTC6804-2 都只配有一个用于隔离的微变压器。

在使用 LTC6804-2 构成并联方式的 isoSPI 网络时,还要注意两个问题:

(1)每一片的 LTC6804-2 都有 4 个地址引脚(记为 A3,A2,A1,A0),构成了 4 位(总共是 16 种排列组合)的"片选地址",以区分不同的芯片。从主板(上位机)发到子板的 isoSPI 通信帧是带有地址信息的,只有当上位机发来的地址与 LTC6804-2 的片选地址相符合,该 LTC6804-2 才会对上位机所发出的命令作出响应,从而保证了在任意时刻,并行总线上只有唯一的一块子板在响应主机的命令。

（2）为了减少分布电容，在利用双绞线组成通信网络的时候，要考虑到尽可能缩短总线的长度，以减小 isoSPI 信号在通信总线上的衰减。因此，在实际工作中，基于 LTC6804-2 设计 BMS 时，双绞线的最大长度只根据主板与最远端的子板的距离来设计，避免冗余。

4.5.6 使用 LTC6804 芯片后 BMS 的成本变化

事实上，LTC6804 推出市场后，其定价比早期二代的芯片都要高，因此有用户担心使用 LTC6804 会增加 BMS 的制造成本。我们在此以"菊花链"的连接方式为例，比较一下使用 LTC6804 前后的成本变化。

笔者在 2009 年开始，基于 LTC6802-1 芯片设计分布式的 BMS，并将其产业化。由于 LTC6802 上的 SPI 总线无法适应电动汽车上的电磁场环境，需要用到 CAN 总线来实现板间相连，因此需要在 BMS 主板上增加一个 CAN 收发器，而在每一块子板上增加一个支持 CAN 总线的 MCU，并且配置相应的隔离电路，相应的成本如下表所示。

表 4-8 基于 LTC6802-1 构成分布式的 BMS 在子板上的相应开销

项目	器件成本
子板主芯片（LTC6802-1）	83
子板 MCU（支持 CAN 总线）	10
子板隔离电路（CAN 总线）	11
合计	104

说明：表中的 LTC6802-1 芯片价格按照 2011 年底的采购价，所以金额的单位是人民币

2013 年，LTC6804 芯片上市，笔者基于 LTC6802-1 芯片设计分布式的 BMS，在子板方面，取消了原来为支持 CAN 总线的 MCU 以及用于 CAN 总线通信隔离的收发器等，增加了用于 isoSPI 隔离的微变压器等，相应的开销如下表所示。

表 4-9 基于 LTC6804-1 构成分布式的 BMS 在子板上的相应开销

项目	器件成本
主芯片（LTC6804-1）	102
MCU（取消）	0
隔离电路（isoSPI）	2
合计	104

说明：表中的 LTC6804-1 芯片价格按照 2013 年 6 月的采购价，所以金额的单位是人民币

对比表 4-8 和表 4-9 可知，虽然 LTC6804-1 的芯片价格较之于 LTC6802-1 更高，但是由于子板上节约了原本用于支持 CAN 通信的器件，因此子板的成本并没有增加。尽管如此，由于我们 BMS 主板上嵌入式系统并不直接支持 isoSPI 总线，因此需要在 BMS 主板上增加一片 LTC6820 芯片，增加的成本大约是人民币 24 元左右。然而，每一个 BMS 中只有一块主板，因此相当于整个 BMS 的成本增加也就是 24 元左右。如果考虑到子板的体积减小，测量精度增加等因素，以上的 BMS 成本增量还是可以接受的。

第五章 非耗散型（ACTIVE BALANCE）的电池均衡技术

电池均衡控制是电池管理系统的一项重要的功能。在《电动汽车动力电池管理系统设计》一书中，对均衡控制的意义、各种均衡控制的分类定义以及均衡控制的基本数学模型等进行了讨论。在接下来的内容中，我们将集中讨论近年来均衡控制管理方面的最新进展，即 Active Balance。该技术是这一领域近年来研究的重点和热点。不少文献喜欢将其翻译成"主动均衡"，笔者并不赞成这样的翻译方式，而主张将其翻译为"非耗散型均衡"控制技术，对此，读者可以参考笔者上一本技术专著的第八章。

5.1 电池不均衡的几种表现及相关讨论

在《电动汽车动力电池管理系统设计》一书中，我们对均衡控制的模型和意义进行了讨论。其中，对于电池不均衡的描述更多地侧重于电池容量以及电池荷电状态的不一致。当然，这两者是电动汽车动力电池不均衡的主要方面；然而，本书增加两个描述电池不均衡的指标，即内阻的不一致性以及自放电速率的不一致性。由此，电池的不均衡可以表现为以下几点：

(1) 电池容量不一致；
(2) 电池当前的剩余电量（以 Ah 为单位）的不一致；
(3) 电池当前荷电状态（即 SoC，以%为单位）不一致；
(4) 电池内阻不一致；
(5) 电池自放电速率不一致。

然而，尽管电池的内阻与自放电的不一致性也是电池不均衡的表现，对于电池管理系统的"均衡管理"功能而言，能够控制的只是每个电池的剩余电量或者荷电状态（SoC）的一致性，却无法消除电池的内阻不一致或者自放电速率的不一致性。尽管不能消除，但 BMS 对电池进行均衡管理仍然有助于避免电池内阻不一致性程度的进一步加深，防止电池不均衡现象的恶性循环。

5.1.1 电池容量、剩余电荷不一致性的两种表达方式

在《电动汽车动力电池管理系统设计》一书中，我们曾经论述过，剩余电量与 SoC 在概念上是有一定的区别的。由此，在描述电池的不一致性的时候，也对应着有两种不同的表达方式。

本章所讨论的均衡控制模型是针对串联结构的电池组而言的，设电池组内电池的个数为 n，以下给出两种表达方式。

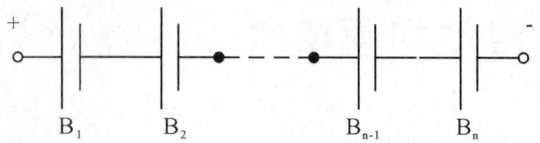

图 5-1　n 个电池串联所构成的动力电池组

1. 电池容量结合剩余电量的表达方式

对于图 5-1 的第 k 个电池而言，记该电池的最大容量为 $C_k(Ah)$，电池当前的剩余电量为 $R_k(Ah)$，则电池组每个电池的剩余电量 R_1、R_2、$\cdots$、R_n，每个电池的容量 C_1、C_2、$\cdots$、C_n。以上模型可以用图形化的方式来表示，如下图所示。

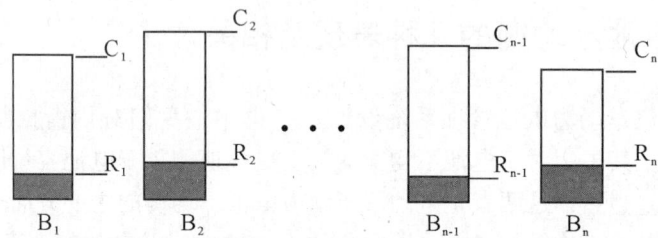

图 5-2　电池容量结合剩余电量的表达方式

图 5-2 中，柱子的宽度都是一样的，其高度表示电池的容量 C_1、C_2、$\cdots$、C_n，而深颜色的部分表示电池当前的剩余电量 R_1、R_2、$\cdots$、R_n。也可以这样类比，把电池看作为一个一个的水桶，水桶的容量就是 C_1、C_2、$\cdots$、C_n，而水桶里面当前所装的水的多少就是 R_1、R_2、$\cdots$、R_n。这样的表达方式与作者上一本书 8.1 节中的描述一致。

2. 电池容量结合荷电状态（SoC）的表达方式

对于图 5-1 的电池组也可以换一种表达方式，对于第 k 个电池而言，同样地记该电池的最大容量为 $C_k(Ah)$，而将其荷电状态（SoC）记为 $S_k(\%)$，$k=1, 2, \cdots, n$。则可换为图 5-3 的方式来表达。

图中，每个水桶的高度都是一样的，因为 SoC 的最大值都是 100%，而电池的容量则以水桶的宽度（如果从三维的角度来看，就是横截面积）来表达。水桶内，水位的高度就相当于 SoC 的值，即 S_k，$k=1, 2, \cdots, n$。

当然，以上两种表达方式是等价的，因为存在以下的关系

$$R_k = C_k \cdot S_k (Ah) \tag{5-1}$$

其中 $k = 1, 2, \cdots, n$。

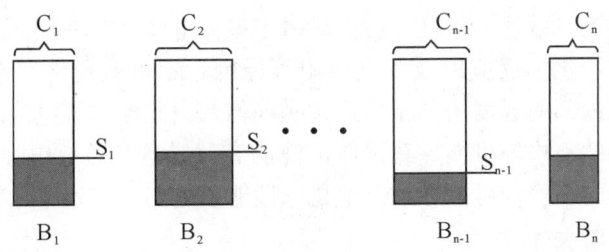

图 5-3 电池容量结合荷电状态（SoC）的表达方式

5.1.2 电池内阻谱的不一致性

电池组内各单体电池内阻的不一致性是不可以忽略的。正是由于内阻的不一致，使得电池的均衡操作不能依据"电压"（无论工作电压或者开路电压都不可以）来进行。

首先，在电池处于充电或者放电状态中，电池两端的电压等于平衡电势减去内阻分压即 $E_B - I \cdot r$（如果是充电，则 I 为负数），此时，如果各个电池的 SoC 一致，且它们的平衡电势也一致，但由于内阻有所差异，则电池的工作电压不相同，所以此时依照电池两端的工作电压进行均衡反而会破坏电池 SoC 的一致性。

其次，即使电池处于开路状态，由于电池存在极化电阻，使得刚刚停止充电或者放电的 1 个小时内，电池两端的开路电压等于平衡电势 E_B 减去电池极化电阻上的分压。如果电池极化电阻不一致，则即使此时各个电池的 SoC 一致，且它们的平衡电势也一致，它们的开路电压仍然不相同。因此，在电池静置不到一个小时的情况下，依照电池两端的开路电压来对电池进行均衡处理，仍然有可能会加剧电池的不一致性。

以上两点，就很好地解释了某些电池管理系统在均衡控制中，如果依据电池电压作为唯一的均衡指标的话，会造成"不均衡还好，越均衡越糟糕的情况"。

电池内阻的不一致，主要可以归纳为以下两方面的原因：

(1) "先天因素"导致电池内阻不一致。作为化工产品，受材料、工艺等因素的制约，动力电池出厂时存在一定的不一致性。例如，不同批次的电池原材料可能导致电池材料的化学特性存在一定的不一致；又如，即使同一批次的原材料，由于研磨、搅拌工艺的原因，也可能导致电极材料的颗粒大小、导电性等存在不一致性；再如，在电池化成过程中，电极附近所形成的 SEI 膜具有一定的随机性，也会导致电池的不一致性。这些因素都会导致电池内阻先天的不一致。

(2) "后天因素"导致电池内阻不一致。动力电池的性能受工作环境的影响较大，影响动力电池内阻大小的后天因素可能包括温度、湿度等多个方面，其中温度是影响动力电池不一致性的重要因素。不难想象，由于防水、防尘、安装紧凑性等各方面的要求，动力电池包内的电池处于一个相对密闭的空间之中，电池包内的热传导以及空气对流、散热等条件不可能对每个单体电池完全一致，而且动力电池在工作过程中，由于化学反应以及极化内阻等原因，不可避免地存在吸热、放热效应，使得电池包内部的温度场分布很难做到均匀，由此导致了电池的不一致性。短期来看，温度场的不均匀可能导致单体电池的有效容量及充放电性能产生不一致；长期来看，这样的不均匀可能导致电池化学性能衰退的不一致，也就加剧了各个单体电池之间内阻的差异。

事实上，电池内阻的不一致更准确的表达可以是电池内阻谱的不一致。下面是两个同一厂家、同一批次的两个单体电池，在不同温度下的充电内阻谱。可得出两点结论：第一，即使是同一厂家、同一批次的电池，在相同的温度下，其内阻还是有细微的差别的。第二，温度对电池的内阻有影响，温度越高，同一个电池的内阻相对会小一些。

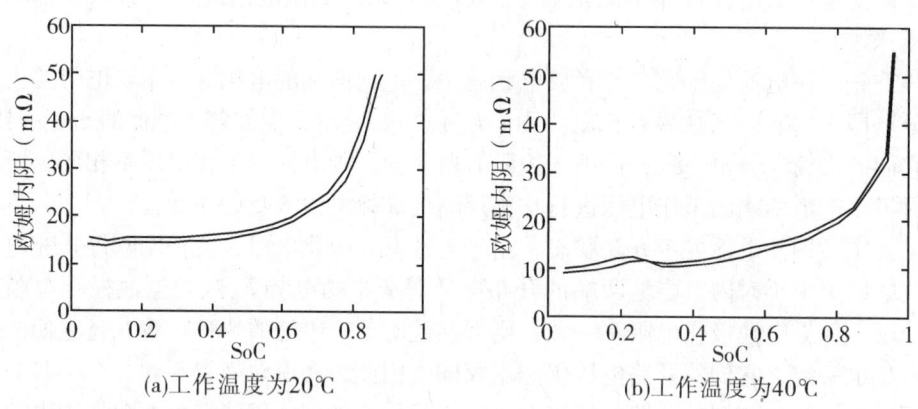

图5-4　同一厂家、同一批次的两个单体电池在不同工作温度下的充电内阻谱比较

5.1.3　电池自放电速度的不一致及其负面影响

电池组会随着时间推移而变得越来越不均衡，这主要源于电池组内各电池不同的漏电情况。这个过程不依赖于电池内阻大小，与电池容量甚至漏电的绝对值大小都无关，而只取决于漏电量之差。这可以通过一些具体的例子来理解。

图5-5中，电池组内电池的个数假设为4个，（a）是理想的情况，表示各个电池在初始状态下均已充满，SoC均为100%，并将永远保持这个状态，对于这样的电池组，不需要做均衡控制。对于（b）而言，虽然存在着自放电，但自放电的速率相同，则组内所有电池都会以同样的速率放电，它们的SoC始终一致，电池组始终是均衡的（尽管电量越来越少）。（c）是现实的情况，即使在开始的时候，电

池均已 100% 地被充满，但随着时间的推移，电池的 SoC 下降速度不一致，时间越长，这种不一致性越严重。更有甚者，在现实情况下，如果电池一开始就不均衡，并且随着时间推移会变得越来越不均衡。

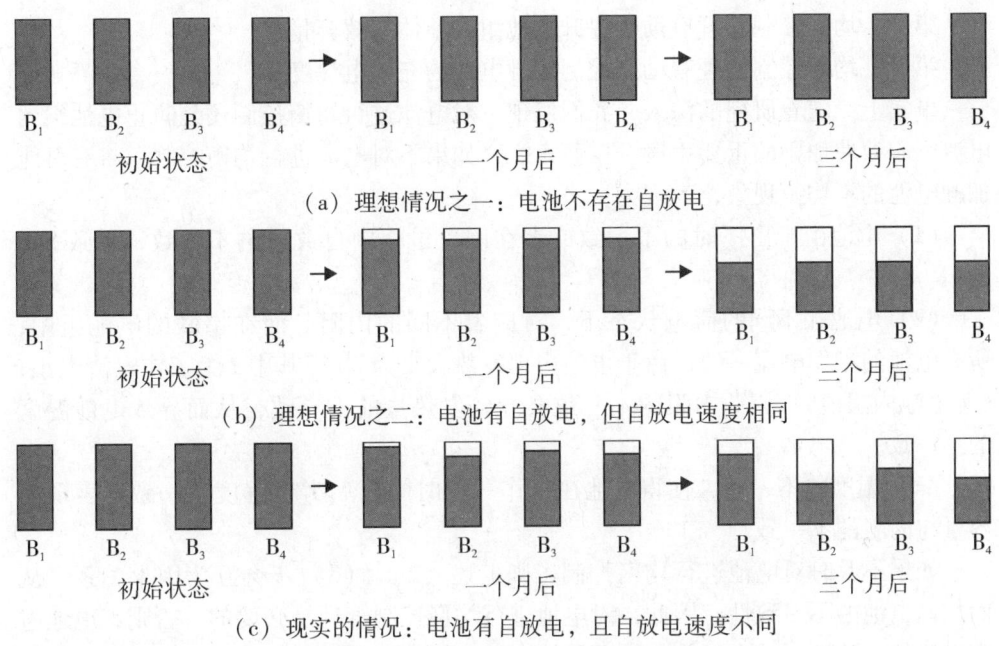

(a) 理想情况之一：电池不存在自放电

(b) 理想情况之二：电池有自放电，但自放电速度相同

(c) 现实的情况：电池有自放电，且自放电速度不同

图 5-5　几种不同的自放电情况

由于不均衡是一个动态的过程，要把电池的整个不均衡过程很形象地表达出来并不容易。有兴趣的读者可以通过网上的一些互动软件来帮助理解（例如：http://book.LiIonBMS.com）。

对于锂离子电池而言，自放电速度不一致所造成的负面影响就是在没有电池管理系统的监测下，造成电池的剩余电量或 SoC 的不一致，由于电池的"木桶短板效应"使得电池组的实际容量减小。然而，这样的负面作用的严重程度并不好评价。如果电池组的静置时间不长，由电池自放电速度不一致所造成的 SoC 不一致很小，通过很短的均衡控制过程就可以使得电池剩余电量的不一致得到消除。这种情况对每天运行的电动汽车而言是真实存在的。如此一来，由自放电速度不一致所造成的负面作用并不严重。相反，如果电池组静置时间较长，或者电池经常被闲置，则这样的不一致性所造成的负面作用就要严重得多。

那是不是如果电池组很少被静置，就不需要对电池进行均衡控制呢？答案是否定的。下一小节我们专门来对这一问题进行讨论。

5.1.4 电池不均衡会形成恶性循环

在《电动汽车动力电池管理系统设计》一书中,我们认为电池均衡控制管理的意义在于以下两个方面:

第一,均衡控制管理有助于提升电池组的整体有效容量。

第二,均衡控制管理有助于控制动力电池的充放电深度。

事实上,随着研究的深入,我们发现,对电池进行均衡控制还是防止电池组内电池不一致性加剧的重要手段。反而言之,如果不对电池进行均衡控制,将有可能加剧电池的不均衡现象,表现为:

(1) 电池由于出厂时的不一致或者在闲置过程中自放电的不一致,导致 SoC 的不一致。

(2) 电池在不同的荷电状态下,对应着不同的内阻。而在串联的电池组中,所有电池的工作电流一致,由于电池内部发热大小为 I^2r(其中 I 为工作电流大小,r 为电池内阻值);因此内阻的不一致会导致发热量的不一致,从而导致电池温度的不一致。

(3) 温度的不一致,使得电池在工作一段时间以后劣化程度不一致,表现为容量与内阻的不一致。

如果不及时对电池进行均衡控制,则上述(2)、(3)步会互为因果关系,从而加速电池的不一致性。因此,对电池进行均衡控制管理是必要的。否则,电池组内电池的一致性会越来越差,从而导致电池组提前报废。

5.2 几种非耗散型电池均衡技术的回顾与分析

在《电动汽车动力电池管理系统设计》一书中,笔者按照技术演化的顺序,对多种有代表性的非耗散型电池均衡方法进行了介绍。本节将换一个思路,按照分类的方式来对已有的非耗散型电池均衡方法进行描述和比较,将非耗散型的电池均衡控制分为"独立充电型的均衡控制"以及"能量转移型的均衡控制"两种。

5.2.1 独立充电型的非耗散型均衡控制

为了实现对电池的均衡控制而又不浪费能量,人们自然就会想到为每个电池进行独立充电。这种方法的缺点是体积较大,成本较高,但仍然有一定的市场。例如在对体积、重量不甚敏感的大巴车上以及在储能的通信后备电源中,独立充电的均衡控制方法得到了广泛的应用。以下为几种较为常见的方案。

图 5-6 的电路是由一个独立的充电单元与 $n+1$ 个电子开关组成的,电子开关的开闭由 BCU 统一控制。这个电路的基本思想是,利用充电单元,为"落后"电池进行单独充电,从而达到均衡的目的。这种方法的优点是,电量损失少,能量效

率高。而这种方法的缺点在于充电单元是竞争资源,无法对多个电池同时进行均衡控制,均衡的时间效率差。

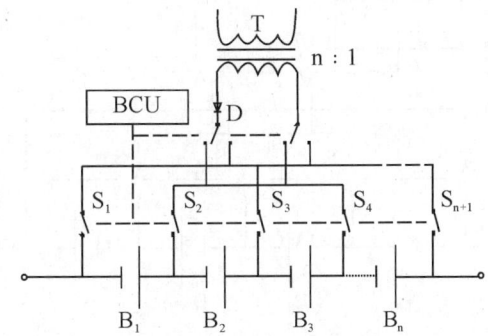

图 5-6 由独立的充电单元与电子开关组成的均衡控制方案

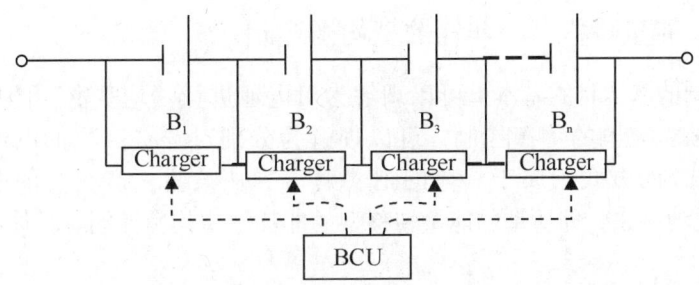

图 5-7 为每个电池配置独立充电单元的均衡控制

针对上述图 5-6 电路补电慢的缺点,图 5-7 所述的方案试图为每个电池配置一个独立的充电单元,由 BCU 控制每个充电器是否工作。这种方法能以最小的能量损失快速完成动力电池的均衡,但缺点是体积大、成本高,而且,由于每个充电单元的元器件多,使得电路的故障率也比较高。另外,如果电池组内有 10 个电池,其中一个电池先达到充电上限,此时需要对另外 9 个电池分别轮流补电,则需要占用大量的时间。

图 5-8 的电路也是针对图 5-6 电路的一种改进型,通过一个开关电源电路,用整个电池组的能量为某个"落后"电池补电,从而能够在"济贫"的同时进行"劫富",与图 5-6 方案相比时间效率提升,而且可以在一定程度上降低成本,减少连线。这种方案的弱点是:转出的能量只能从整个电池组获取,而不能从某些荷电状态较高的电池中获取,即"劫富"只能对电池组的全体,而不是特定的几个"富有"的电池,因此灵活性不够好,而且能量效率较低。

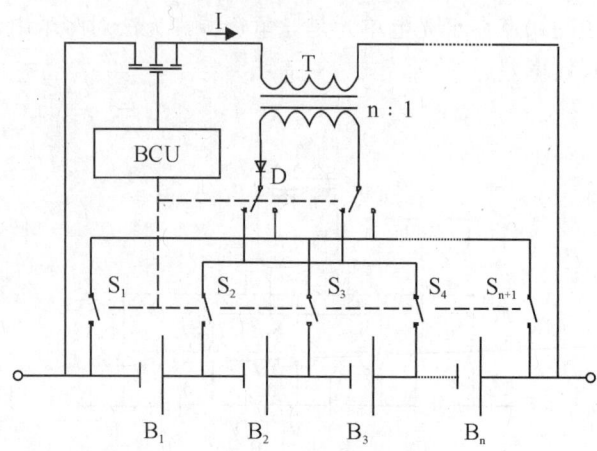

图 5-8 整个电池组为"落后"电池单独补电的均衡控制

5.2.2 能量转移型的非耗散型均衡控制

均衡控制的基本目的基本上可以理解为对电池进行"均贫富"的操作,上一小节所述的独立充电的均衡控制,可以理解为分别对"贫穷"的电池补充"财富";而本小节的方式则属于具体的把"财富"从某些"富有"的电池转移到"贫穷"的电池中去,即所谓的能量转移型的非耗散型均衡控制。具体有以下几种实现方式。

1. 电容投切均衡方案

电容投切均衡法的电路结构如图 5-9 所示,此方法属于典型的非耗散型均衡策略,采用均衡电容作为中间储能元件,通过开关控制可以实现电容在两个相邻单体间的切换。

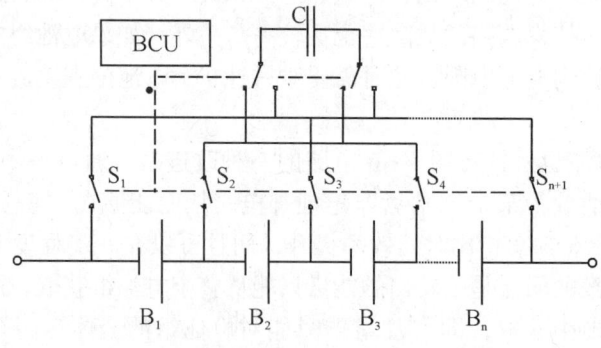

图 5-9 电容投切均衡方案

电路是由 $n+1$ 个电子开关与一个转移缓存电容 C 组成的，电子开关的开闭由 BCU 统一控制。这种方法的基本思路是，通过缓存电容 C，把电池的电量从电压较高的某个电池转移到电压较低的电池中去，从而达到均衡的目的。这种方法突出的缺点是：能量转移只能依据电池电压进行，而且能量效率较低，安全风险大。

2. 基于 Buck-Boost 的相邻电池能量转移方案

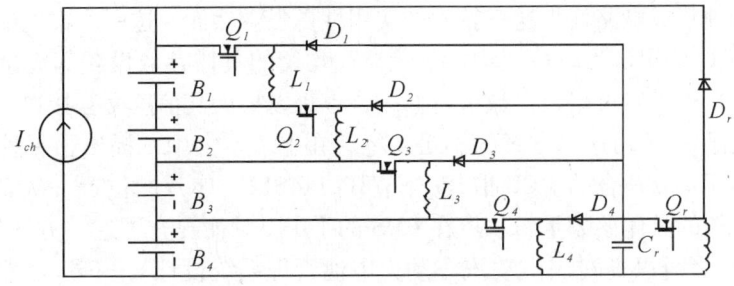

(a) Hsieh 等人提出的方法

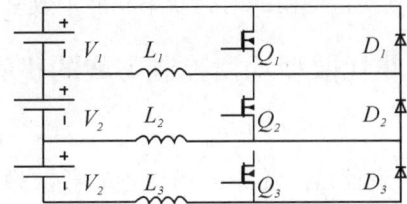

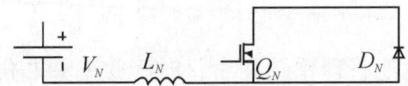

(b) Zhao 等学者提出的改进方法

图 5-10 基于 Buck-Boost 的相邻电池能量转移方案

2002 年，Hsieh 等人提出了一种基于相邻电池能量转移的方法，即图 5-10(a)，2003 年，Zhao 等学者对此方案进行了改进，即图 5-10(b)。此方案为每个单体电池配置一个 Buck-Boost 电路，需要做均衡时，就控制其对应的开关 Q_i 导通，则此单体放电，放出的能量存储在与单体并联的电感 L_i 中；开关断开后，L_i 中的电能会充入单体 $i+1$，$i+2$，…，n 中（n 为总的单体数目）。此方案的基本思路就是将 SoC 较高的单体电池中的取出电能转移到相邻的 SoC 较低的电池中去，从而实现均衡。其电路结构相对简单，应用的器件数目也较少。需要注意的是，当第 i 号和第 $i+2$ 号电池同时向第 $i+1$ 号电池转移电荷的时候，会出现支路电流叠加的情况，须仔细设计相关参数以保证系统稳定。

3. 基于 PowerPump 的改进方案

为了更好地对均衡进行控制，Gary Davison 等人于 2002 年创立的 PowerPrecise 公司，他们提出了名为 PowerPump 和 PowerLAN 的解决方案，通过专用的芯片来对均衡进行控制。

美国 TI 公司于 2007 年 10 月完成了对 PowerPrecise 公司的收购，并于 2008 年 10 月在原来 PowerPrecise 公司方案的基础上推出了以"bq78PL114S12"为核心的三款电池管理集成电路使得这一技术的实用性更强。然而，这一方案的缺点是灵活性不足，即 TI 公司认为应该把均衡的策略、均衡的具体参数设置等完全交给其专用芯片，用户很难对策略、参数进行修改，也难以扩展其信息交互接口。

为了克服 TI 公司这一方案的不足，笔者在上一本书中，提出了一种改进的方案，利用任意一款适合的 MCU 取代"bq78PL114S12"芯片的位置，从而使得均衡策略以及均衡的具体参数重新掌控在 BMS 的手中，从而提升了这一方案的灵活性。（有兴趣的读者可以查阅《电动汽车动力电池管理系统设计》一书。）然而，尽管进行了改进，该方案仍然是将能量在相邻的电池之间转移，当"富有"电池和"贫穷"电池距离较远的时候，均衡的时间效率和能量效率都较低。

5.1.3 如何评判非耗散型均衡控制方案的优劣（非耗散型均衡控制的效率问题）

其实，对于 BMS 开发者而言，无论采用何种非耗散型的均衡方案，主要考虑以下因素：成本、可靠性、效率。其中，前两个因素是很好理解的。然而，就效率而言，就可以从以下几个方面来理解。

1. 时间效率问题

虽然对于储能型的电池管理系统而言，时间效率并非优先考虑的主要因素；但是对于电动汽车而言，总是希望在较短的时间内消除电池的不均衡。这样一来，就希望在较短的时间内把电量从荷电状态较高的电池中转出，快速转入到荷电状态较低的电池中去。这样就要求均衡控制系统具备较大的电荷转移能力。一般而言，对于一个容量为 100Ah 的电池组来说，组内单体电池的容量不一致如果达到 5Ah，那么要在一个小时内消除电池容量的不均衡，需要均衡控制系统支持不小于 5A 的有效转移电流。可见，时间效率与均衡电流相关。我们不妨比较一下各种现有的非耗散型均衡方案的特点：

（1）对于"基于相邻电池电量转移"的方案，电荷只能在相邻的电池之间转移，除了电路板设定的电量转移电流的大小以外，转移的时间效率还取决于不均衡电池的位置分布情况。如果需要转出能量的电池位于电池组的首位，而需要转入能量的电池位于电池组的最后一位，则需要经过较长的均衡时间。

（2）对于"独立充电单元"的方案，每个电池独立控制，均衡的时间较"相邻电池"方案短，均衡的时间效率取决于充电单元的能力大小。

（3）本章后面将要介绍基于 LTC3300 芯片的控制方案，该方案允许电荷从某几个指定的电池中转移出去，补充到某几个特定的电池中来。在整个均衡过程中，此消彼长，真正可以实现在"劫富"的同时进行"济贫"。由此一来，在电流相同的前提下，这个方案可以比方案（2）的均衡时间缩短一半。

2. 电荷效率问题

与耗散型相比，非耗散型的电池管理系统期望在最大程度上节约电池中所荷带的能量，以达到节能的目的。因此，在对电池进行均衡操作的过程中，能量效率是需要被考虑的一个很主要的因素。然而，就电池均衡的能量效率如何定义，经常是模糊的。常常听到有人谈起电池管理系统均衡控制的效率，脱口而出就说："我们的效率达到 90% 以上。"然而，仔细推敲这样的表达，就要去追究两个问题：这个 90% 指的是能量效率还是电荷效率？这个效率计算时的分母是多少？

在计算电量、能量效率的过程中，如果不给出严格的定义，将会产生一些误区。以下是一个可能的例子。

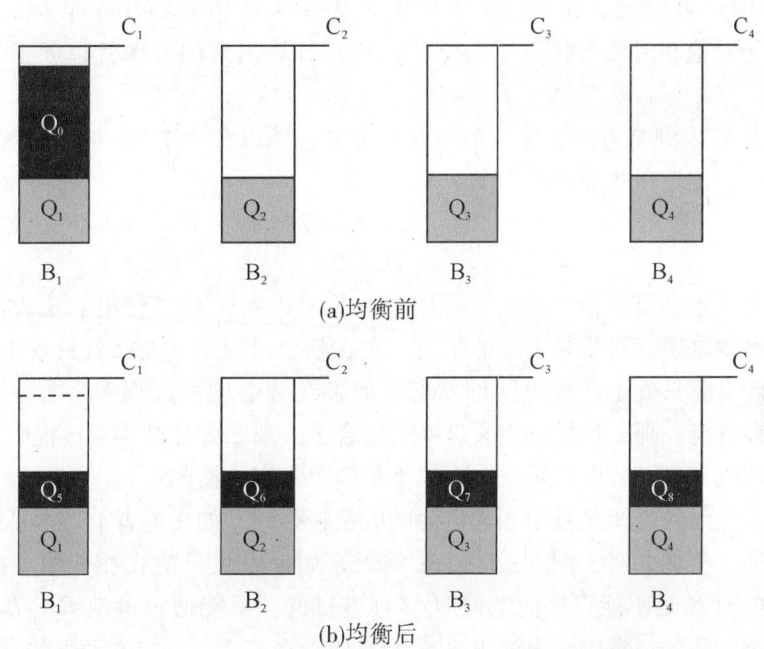

图 5-11 一个基于电荷转移的非耗散型均衡过程

（注：图中 B_1、B_2、B_3、B_4 表示电池组内的 4 个单体电池，C_i 表示其容量，Q_i 代表电量）

图 5-11 中，假设均衡前，电池 B_1 的电量为 $Q_0 + Q_1$，电池 B_2、B_3、B_4 中的电量依次为电池 Q_2、Q_3、Q_4；在均衡过程中，电池 B_1 放电（转出电荷），电池 B_2、B_3、B_4 充电（得到电荷的补充）；在均衡完成后，电池 B_1 的电量为 $Q_1 + Q_5$，电池

B_2、B_3、B_4中的电量依次为电池 Q_2+Q_6、Q_3+Q_7、Q_4+Q_8。当然,在实际过程中,如果没有外界电荷的补充,我们不难知道,必然有:

$$(Q_1+Q_5)+(Q_2+Q_6)+(Q_3+Q_7)+(Q_4+Q_8) \leqslant Q_0+Q_1+Q_2+Q_3+Q_4 \tag{5-2}$$

而且,由于损耗是在所难免的,所以上式一般不能取等号。

以下三种对效率的定义,哪个更加适合作为"效率"的定义呢?

(1) 从"总"的概念来定义。即整个电池组均衡前后的总的电量的角度,有:

$$\eta_1 = \frac{(Q_1+Q_5)+(Q_2+Q_6)+(Q_3+Q_7)+(Q_4+Q_8)}{Q_0+Q_1+Q_2+Q_3+Q_4} \tag{5-3}$$

这种定义所存在的问题是:效率的 η_1 大小与电池组初始、末尾的不均衡程度有关,而与均衡电路的性能、均衡方案的优劣无关。

试想一下,如果例子中 $(Q_1+Q_2+Q_3+Q_4)$ 很大,而 Q_0、Q_5、Q_6、Q_7、Q_8 的绝对值相对较小,则即使很拙劣的均衡电路,算出来的均衡效率仍然会很高,甚至接近于100%。相反地,如果例子中 $(Q_1+Q_2+Q_3+Q_4)$ 很小,而 Q_0、Q_5、Q_6、Q_7、Q_8 的绝对值相对较大,则用式子(5-3)计算出来的效率就趋近于电路的转移效率。

(2) 从"得到与付出之比"的角度来定义。即以各个电池"得到"的电荷数除以电池"付出"的电荷数来计算:

$$\eta_2 = \frac{Q_6+Q_7+Q_8}{Q_0-Q_5} \tag{5-4}$$

这种定义适合用在整个均衡过程中电池的"得到"与"付出"比较泾渭分明的情况。也就是说,对于某个电池来说,它在整个过程中,要么就只处于"充电"的状态,要么就只处于"放电"的状态。如果在整个均衡过程中,电池既存在充电,又存在放电,那么这样的定义就不大适合了。那么为什么均衡过程中,同一个电池会出现既充电又放电的情况呢?以下是两个真实的情况:

第一,电池的均衡是基于相邻电池的电量转移的,如在笔者上一本书第八章所描述的那样。例如,对于图5-11中的情况,如果电量只能在相邻两个电池间转移,那么电池 B_1 是不能直接向电池 B_4 转移电量的,只能通过电池 B_2、B_3 来过渡。那么在整个均衡的过程中,电池 B_2、B_3 都是既存在充电,又存在放电的状况。

第二,正如本章后面所要介绍的基于LTC3300的均衡方案来说,由于电池 B_2、B_3、B_4 的一致性相对较好,因此在电池的均衡过程中,电荷从SoC较多的电池 B_1 转出,补充到整个电池组中去。由于 B_1、B_2、B_3、B_4 串联,因此电能从 B_1 转出来以后,有一部分也会基于串联补充回 B_1 里面去。因此在整个均衡过程中,B_1 既存在着放电,也存在着充电的状况。

(3) 把所有参与转移的电量都统计起来,来对效率进行定义,即:

$$\eta_3 = \frac{Q_5 + Q_6 + Q_7 + Q_8}{Q_0} \qquad (5-5)$$

这种定义适合用来评判均衡电路硬件本身的性能，因为它可以看作是所有"单步"转移效率的总和。打一个不是非常恰当的比喻，这样的统计方式有点类似于 GDP（国内生产总值）的统计方式。乍一看，似乎有时候第二产业和第三产业存在着重复统计之嫌，似乎整个国家的整体财富增长并没有这么高的百分比，但是这样的统计反而能反映整个国民经济运行的活跃程度。

当然，这种定义虽然清晰，但是在实际操作过程中真正执行起来不太容易。例如后面所要介绍的基于 LTC3300 的均衡方案来说（结合图 5-11 来理解），均衡时电荷从 B_1 转出，补充到整个电池组中去。由于 B_1、B_2、B_3、B_4 串联，因此电能从 B_1 转出来以后，有一部分也会基于串联补充回 B_1 里面去。在测量实际电量的过程中，$(Q_0 - Q_5)$ 是容易测量的，因为它对应于电池电荷的减少，而 Q_5 本身是难以准确测量的，很多时候只能通过模型来推算。

3. 能量效率并不等价于电荷效率

前面给出的三种定义都是基于电荷效率的。然而，由于电池在不同的荷电状态（SoC）下所对应的平衡电势或者开路电压是不一致的，因此统计均衡的电荷效率不等价于能量效率。

下面我们从三个方面来理解电荷效率与能量效率之间的关系。

（1）电量转移的过程也伴随着能量的转移，两者的符号一致，在数值上也比较接近。因为电荷的"得"与"失"也伴随着能量的"得"与"失"，所以以上对电荷效率的三种定义，同样也适合对能量效率的定义。而且由于锂离子电池平台区的平衡电势比较相近，因此两者从数值大小上相差不大。一般而言，相差值在 10% 以内。

（2）能量效率应该更受重视。前面我们之所以先定义电荷效率，是因为相对而言电荷效率更容易被理解。然而，对于一个实际的均衡电路来说，人们更应关心其能量效率。这是因为对于一个实际的均衡电路而言，最能反映其性能的，本质上来说还是能量效率。

（3）关注能量效率的同时，也应该关注能量损耗的绝对值。

很多情况下，"效率"是以一个百分比的形式出现的。然而，对于电池管理系统而言，关心能量损耗的绝对值是很重要的。

首先，要评判两个非耗散型均衡方案的优劣，可以设定这样的评判标准：不论其单步转移策略如何，我们只在均衡前、均衡后的 SoC 数值完全一致的前提下，比较两个均衡方案所放出来的总的能量损耗。

其次，能量损耗的绝对值直接决定着电池包内的发热量，增加了电池管理系统热管理的难度。下面我们将对这一问题进行详细阐述。

4. 由时间效率和能量消耗所引发的热管理问题

一般来说，我们总希望电池包内部尽可能少发热，从而避免增加热管理的难度。然而，无论采用耗散型或者非耗散型的均衡方式，都会使电池包内部增加额外的发热。这里所说的"额外"，是相对于电池在正常充、放电过程中所发出的热量。上面所讨论的时间效率和能量消耗将直接与电池管理系统的热管理相关。

第一，为了节约均衡时间，我们总希望用较大的电流来对电池进行均衡控制，从而提高均衡的时间效率。然而，在电池内阻和电路阻抗一定的前提下，均衡电流越大，则对应着均衡过程中所产生的热量越大，由此而带来的电池管理系统的热管理的难度将增大。因此，"热"的问题就成为了提高均衡时间效率的一个制约因素。

第二，即使是所谓的非耗散型的均衡控制方式，也会或多或少地存在能量消耗，而这些被消耗掉的能量，最终都会以"热能"的方式留在了电池系统内部。因此，为了减少均衡过程中的发热，应该尽可能降低均衡过程中的能量消耗。电池管理系统的设计者必须要对自己所设计的均衡系统的能耗状况作出准确的判断，以便确定相应的热管理措施。

第三，与电池正常充、放电过程中的发热情况不同，均衡过程中所产生的热量是不均匀的。这些不均匀的热量将会对电池的劣化衰减产生不一致的影响，长期积累的话将会加剧电池组内电池的不一致性。

5.3 基于 LTC3300 的先进的非耗散型均衡方案

基于上一小节所论述的均衡控制所应关注的因素，笔者认为，近年由凌力尔特公司所推出的基于 LTC3300 芯片的均衡控制方案，是权衡以上多个因素之后较为可取的方案。

5.3.1 LTC3300 芯片的特点

为了解决大规模串联型电池组的均衡问题，2013 年，凌力尔特公司推出了 LTC3300 芯片，能辅助电池管理系统对电池组内任何一个电池进行双向的、非耗散型的均衡控制。这里所谓的"双向"，指的是对任意一个单体电池而言，既可以进行单独的充电，又可以进行单独的放电。对电池组内的某个单体电池而言，将会存在四种常见的情况：

第一，电池组内的一个或者多个电池释放能量，转移给整个电池组；

第二，整个电池组释放能量，转移给电池组内的一个或者多个电池；

第三，能量从电池组内的某个电池（A）转移到另外一个电池（B）；

第四，能量从电池组内的若干个电池转移到另外若干个电池。

无论是以上何种情况，最终希望达到的目的均为电池组内的所有电池达到均衡；而在这样的均衡控制过程中，始终坚持是能量的"转移"，而不是消耗。有效地保护了电池内部所荷带的能量，减小了均衡过程中所释放的热量。

以下分三个方面来理解 LTC3300 所提供的良好功能。

(1) 高集成度。

在没有专用的均衡控制 IC 芯片之前，工程师们需要耗费大量的时间来设计硬件控制电路，设计出来的线路板体积大，而且还可能因为要确定某些电路参数耗费大量的时间。除此以外，很可能由于控制电路中包含有微处理器（MCU），我们需要精心地设计软件来控制均衡电路的时序。

LTC3300 集成了均衡控制所必须的时序控制电路、栅极驱动电路、高可靠性的电压监测电路、电流采样电路、故障检测电路和 SPI 通信接口电路，极大地简化了均衡电路的软硬件设计。对于 BMS 的设计者而言，完全可以把基于 LTC3300 的均衡电路作为一个可靠的执行器，直接调用；而腾出精力来更多地关注均衡策略的设计。

(2) 灵活的控制模式。

如前所述，LTC3300 提供了迄今为止最为灵活的均衡控制方式，在任意时刻，任意一个电池既可以成为电荷的提供者，也可以是电荷的接受者。并且支持同时对多个电池进行充电或者放电的操作。

因为电池不均衡的拓扑位置并不固定，灵活的控制模式可以适应任意一种电池不均衡的情况。从能量的角度而言，"富有"的电池的能量可以立即转给"贫穷"的电池，不需要经过额外的中间环节，从而极大地提高了均衡的能量效率。同时，由于可以同时对多个电池进行操作，电池与电池之间不存在对资源的"竞争"、"轮候"关系，因此可以缩短均衡控制的时间，提高了时间效率。

(3) 良好的可扩展性。

尽管每个 LTC3300 芯片只能对 6 节串联的电池进行均衡控制，但该芯片支持扩展，即 n 块 LTC3300 串集在一起可以实现对 $6 \times n$ 个电池进行均衡控制，各块 LTC3300 之间采用一个独特的电平移位 SPI 兼容型总线进行连接，能在不采用光耦合器或隔离器的情况下完成多个 LTC3300 之间的信息传递，从而实现电池组内多个串联电池中每节电池的均衡控制。

以下归纳基于 LTC3300 芯片均衡控制方案的典型指标：

● 每个芯片可实现 6 节串联锂离子电池或磷酸铁锂电池的均衡控制；

● 具有可扩展性，每 n 块 LTC3300 串集在一起可对 $6 \times n$ 个电池进行均衡控制；

● 均衡过程中最大工作电流为 10A（需要芯片外部电路的支持）；

● 支持双向均衡控制，对每个电池而言可以进行充电或者放电；

● 单步的能量转移效率在 90% 左右，最高可以达到 92%。

5.3.2 基于 LTC3300 与 LTC6804 设计分布式 BMS

在上一章中，我们已经对 LTC6804 高精度的电压监测功能以及通信抗干扰性能进行了描述，如果在子板中加入 LTC3300 芯片，则所设计的 BMS 可以被认为是截止 2013 年底较为先进的解决方案。本章将对这样的 BMS 的设计进行较为详细的描述。

1. 系统的拓扑结构

下图为基于 LTC3300 与 LTC6804 BMS 的系统拓扑结构。

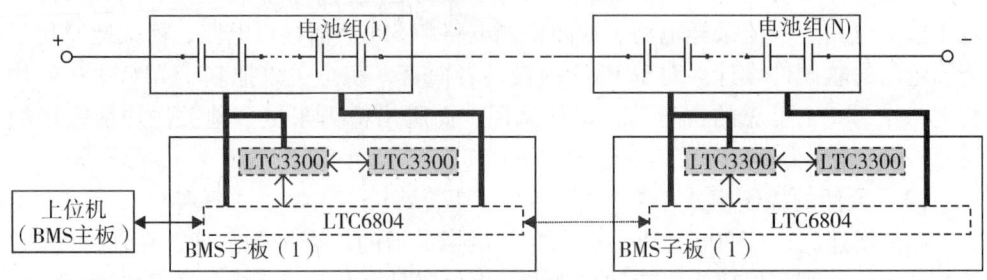

图 5-12　基于 LTC3300 与 LTC6804 BMS 的系统拓扑

解释如下：

（1）一般地，大功率动力电池包均由多个电池串联而成。注意到每一片 LTC3300 最多可以连接 6 节电池，每一片 LTC6804 可以管理 12 节电池，因此可以基于 2 片 LTC3300 和一片 LTC6804 来设计一块子板，从而将整个大功率电池包分为 N 个电池组，对应 N 块 BMS 子板。当然电池包电池的个数不一定刚好是 12 的整数倍，因此部分子板所管理的电池也不一定正好是 12 个。

（2）如上图所示，对于某一块 BMS 子板，假设其管理的电池个数为 $K(K \leqslant 12)$，那么可以将其平分为两半。其中的一半（第 1 至第 K/2 个）电池连接到第一片 LTC3300，同时并联到 LTC6804 的上半区；而另外一半（第 K/2+1 至第 K 个）电池连接到第二片 LTC3300，同时并联到 LTC6804 的下半区。当然如果 K 不是偶数，则下半区电池的个数可以多 1 个。

（3）各个子板通过 isoSPI 总线与 BMS 主板（上位机）相连，相关的变压器以及辅助电路在图中略去。

（4）BMS 主板负责制定相应的均衡策略，相关的策略可以通过 isoSPI 总线传到子板，子板中的 LTC6804 可以通过 IO 端口模拟 4-线制的 SPI 总线控制与其共板的两片 LTC3300，从而执行相应的均衡策略。

2. 与电池的连接

如前所述，在每块子板中，都有 1 片 LTC6804 和 2 片 LTC3300，上一章的内容已经介绍过 LTC6804 的具体接法，这里我们介绍一下两片 LTC3300 的连接方法。在分布式的 BMS 中，某一块子板上的 1 片 LTC6804 和 2 片 LTC3300 与电池的关系如图 5-13 所示。

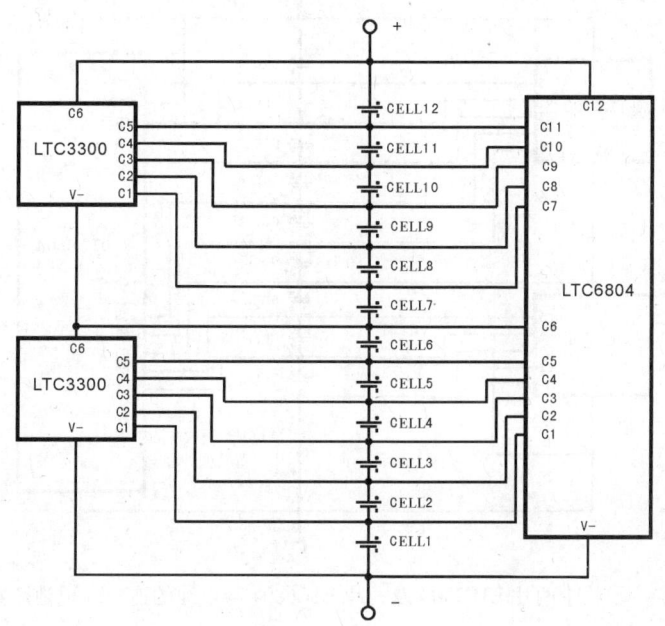

图 5-13　子板中两片 LTC3300 及一片 LTC6804 与电池的连接（电池个数为 12）

从图中可以留意到：

（1）对于某一个电池的极柱来说，它是同时被（以并联的方式）连到 LTC6804 和 LTC3300 的相应引脚上的。

（2）对于每一片的 LTC3300 而言，V^-，C1，C2，……，C6 等引脚都是与电池的极柱相连的。

（3）图中，电池组内的个数刚好是 12，如果电池个数小于 12，则可以参照图 5-14 的方式。

图 5-14 的说明如下：

第一，电池的极柱仍然是通过并联的方式，同时连到 LTC6804 和 LTC3300 的相应引脚上的。

第二，对于 LTC6804 而言，引脚 C12、C11 均与电池最高电位的极柱相连，C6 与 C5 相连。如上一章所述，这是因为，芯片 LTC6804 里面有两个模数转换器（ADC1 和 ADC2），当电池数量不足 12 时，尽量将组内电池平分给两个模数转换器。其中，ADC1 所负担的电池个数可以比 ADC2 多 1 个。

第三，对于 LTC3300 而言，当电池数量不足以占满所有的电池引脚时，要求

"上对齐"，即先将位于最高电位的电池引脚占满，至于剩下的电位较低的电池引脚，则全部与 V⁻ 相接。

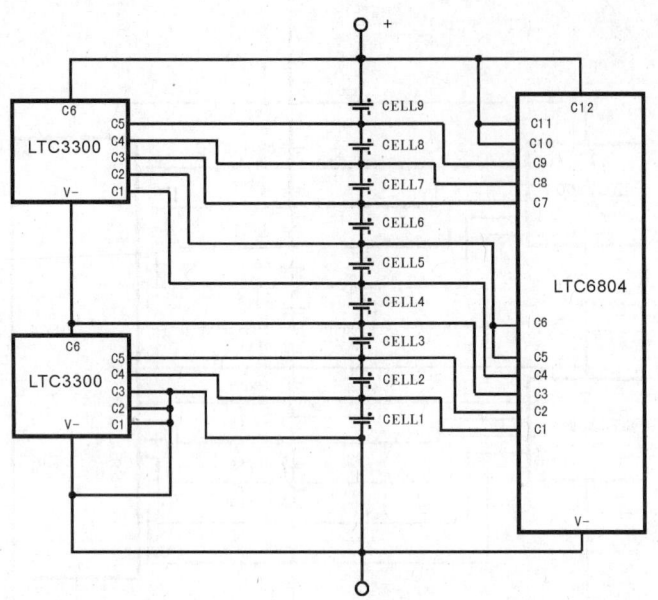

图 5-14　子板中两片 LTC3300 及一片 LTC6804 与电池的连接（电池个数为 9）

3. 多块子板与主板之间基于 LTC6804 的 isoSPI 通信连接

在分布式的 BMS 中，子板是受主板指挥的。然而，在每块子板中有三块芯片（一块 LTC6804 和两块 LTC3300）。根据上一章的内容，LTC6804 支持 isoSPI 总线，在板间通信时具有良好的抗干扰性，可以作为子板与主板通信的桥梁。那么，接下来的问题是，对于子板内每一片 LTC3300 来说，到底是直接受 BMS 主板控制呢，还是受子板内的 LTC6804 控制呢？优选的方案是后者，即通过 BMS 主板控制 LTC6804，然后再通过 LTC6804 的 GPIO 口构成板内的 SPI 总线接口，再对子板内的两片 LTC3300 的工作实施控制。

下面，我们先通过图 5-15 来说明如何基于 isoSPI 实现多块子板与 BMS 主板之间的通信连接。

图 5-15 的解释如下：

（1）在整个分布式 BMS 中，主板与各块子板通过 isoSPI 总线连接。

（2）对于每块子板而言，直接与主板发生联系的是 LTC6804 芯片，而 LTC3300 芯片通过级联的 SPI 总线再与 LTC6804 相连，从而构成二级通信总线关系。

第五章 非耗散型（ACTIVE BALANCE）的电池均衡技术   127

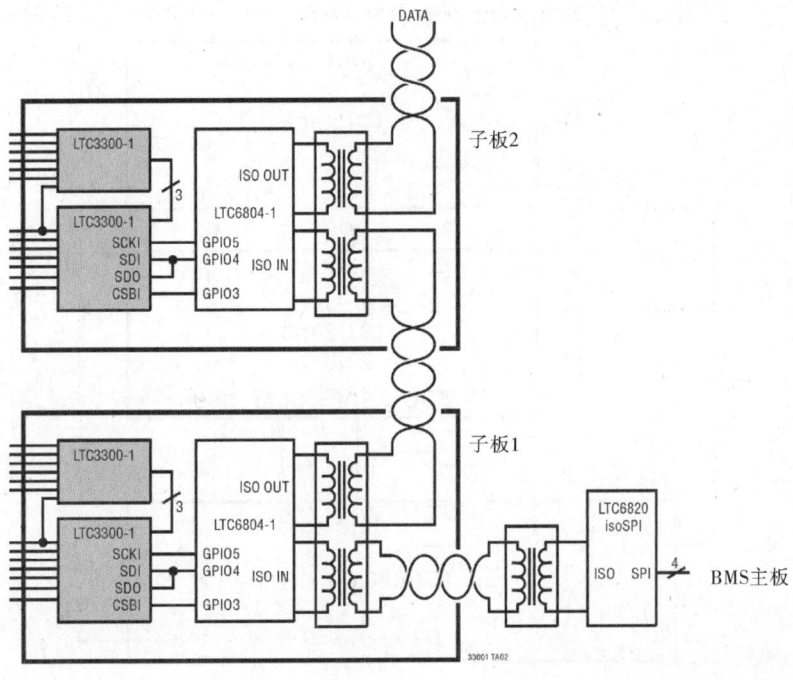

图 5-15 多块子板与主板之间基于 LTC6804 的 isoSPI 通信连接

（3）如果 BMS 主板上的芯片不支持 isoSPI 总线，则可以如图中所示，加入一片 LTC6820 芯片作为 isoSPI 的收发器；如果主板上的芯片支持 isoSPI 总线，则图中的 LTC6820 可以省略。

（4）图 5-15 中所示是基于 LTC6804-1 的连接，属于菊花链级联方式。然而，在实际工作中也可以根据需要更换为基于 LTC6804-2 的并联式总线连接，具体的拓扑结构已经在上一章中进行过描述，此处不再重复。

以上介绍了多块子板与主板之间的板间通信问题，下面介绍子板内的通信连接。

4．子板内两片 LTC3300 通过 SPI 与 LTC6804 相连

在每块 BMS 的子板中，都有一块 LTC6804 和两块 LTC3300，这三块芯片在子板内是通过 SPI 总线以菊花链的方式相连的。

图 5-16 所示为子板内两片 LTC3300 通过 SPI 与 LTC6804 相连，解释如下。

(a) 在芯片 LTC3300 中，TOS，V_{MODE} 等引脚均是与菊花链通信相关，用于标识 LTC3300 在菊花链所处的位置。在子板上有 2 片 LTC3300，其相关引脚的连接方式如下：对位于菊花链底部（图中偏上）的一片，将其 V_{MODE} 与 V_{REG} 相连，并将其 TOS (top of stack) 引脚与 V^- 相连；而对于位于菊花链顶部（图中偏下）的另一片，则将其 V_{MODE} 与 V^- 相连，并将其 TOS 引脚与 V_{REG} 相连。

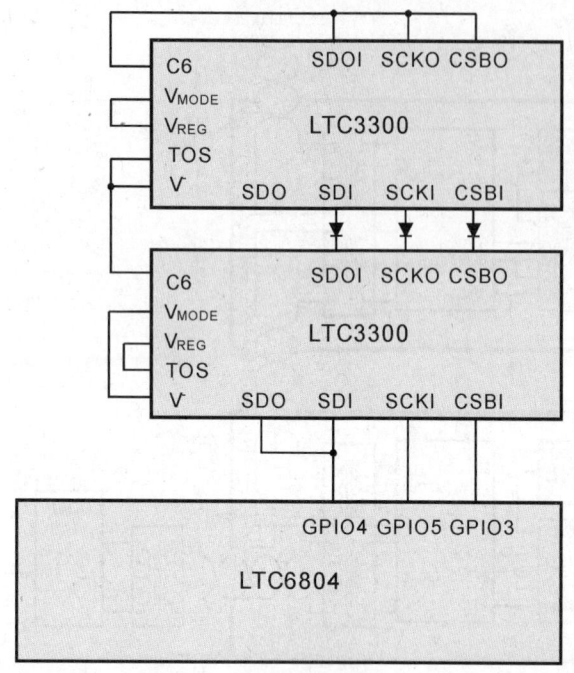

图 5-16 子板内两片 LTC3300 通过 SPI 与 LTC6804 相连

（b）LTC3300 中的 CSBO，SCKO，SDOI，CSBI，SCKI，SDI，SDO 是传输数据的具体引脚，其中，CSBI，SCKI，SDI，SDO 这四个引脚面向菊花链的"上级"，而 CSBO，SCKO，SDOI 则用于面向菊花链的"下级"。具体的连接方式如下：

第一，对位于菊花链底部的一片 LTC3300，由于它位于菊花链的底部，没有"下级"了，因此将其 CSBO，SCKO，SDOI 引脚与电池的最高电位（C6 引脚）相连。

第二，对位于底部的 LTC3300 的 CSBI，SCKI，SDI 引脚与位于顶部的另外一片 LTC3300 的 CSBO，SCKO，SDOI 引脚相连，底部的 LTC3300 的 SDO 引脚闲置。

第三，对位于菊花链顶部的一片，将其 CSBI，SCKI，SDI 与"上级"的通信引脚相连，使 SDO 与 SDI 引脚相接。在子板中，"上级"的通信引脚指的就是 LTC6804 芯片的 GPIO3，GPIO4，GPIO5 引脚（这里 LTC6804 的三个 GPIO 引脚被用作 SDI 通信）。

5. 均衡电路的配置

LTC3300 芯片的核心，就是通过控制外围的 MOSFET 开关管，构成 BOOST 电路，经过变压器线圈实现将能量搬运，最终达到非耗散型均衡控制的目的。图 5-17 所示为基于 LTC3300 的均衡电路的基本配置，讨论如下。

第五章 非耗散型（ACTIVE BALANCE）的电池均衡技术　　129

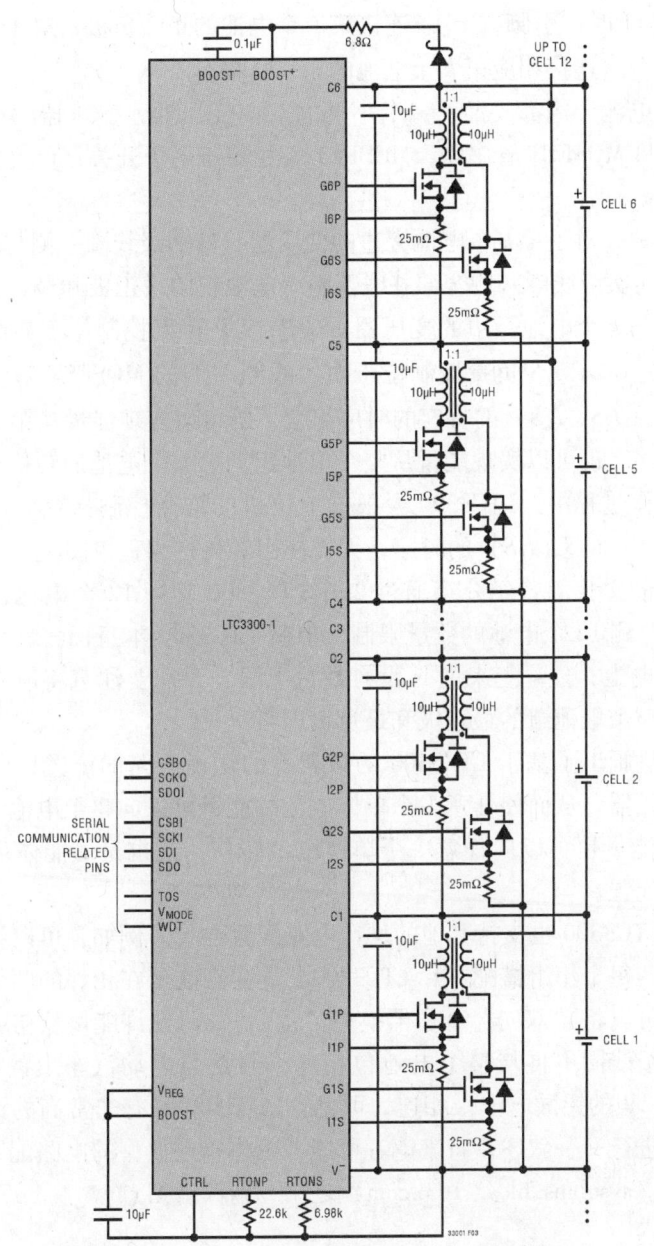

图 5-17　基于 LTC3300 的均衡电路的基本配置（为每个电池加一个双向变压器）

（1）图中画出了一片 LTC3300 连接 6 个电池的情况，这也是基于 LTC3300 的均衡电路的最典型的配置。

（2）对于 6 个电池中的第 $k(1 \leqslant k \leqslant 6)$ 个，LTC3300 有 6 只引脚与之相关，分别为 C_k、G_kP、I_kP、G_kS、I_kS、C_{k-1}。

(3) 当 $k=1$ 时，引脚 C_k、V^- 连接第 1 个电池的正、负极；对于 $2 \leqslant k \leqslant 6$ 的情况，引脚 C_k、C_{k-1} 连接相应第 k 个电池的正、负极。

(4) 每个电池旁边都放置了一个小型的双向变压器，变压器的初级线圈、次级线圈都与一只 MOSFET 管串联，MOSFET 管相当于电子开关，负责控制线圈单边的通、断。

(5) 一般地，对于第 k 个电池旁边的变压器，其初级线圈一侧与第 k 个电池的正负极相接，而次级线圈一侧全部并联于整个电池组的最正极和最负极。

(6) 对于第 k 个电池旁边的变压器，G_kP、I_kP 负责控制位于初级线圈一侧的 MOSFET 管，而 G_kS、I_kS 负责控制位于次级线圈一侧的 MOSFET 管。通过四只引脚（G_kP、I_kP、G_kS、I_kS）的特定的时序组合，既可以实现能量从第 k 个电池向整个电池组的转移，也可以实现能量从整个电池组向第 k 个电池的转移。

(7) 在工作过程中，LTC3300 会根据上位机的均衡控制指令，自动生成四只引脚（G_kP、I_kP、G_kS、I_kS）的时序，无需使用者自行编程控制。

(8) 虽然前文我们曾经介绍通过 2 片 LTC3300 管理 12 个电池，这是受到了 LTC6804 只能监测 12 个电池的数量限制，但就 LTC3300 本身而言，可以用串联的方式管理 N 个电池，理论上来说 N 没有数量上限。只需要注意将所有次级线圈一侧全部并联于整个电池组的最正极和最负极即可。

图 5-17 只画出了基于 LTC3300 的最典型的均衡电路的配置，即为每个电池加一个双向变压器，从而使任意一个单体电池的能量可以向整个电池组转移，同时整个电池组的能量也可以向任意一个单体电池转移，这也是最能体现 LTC3300 芯片优势的一种配置。

事实上，LTC3300 也支持其他的均衡电路配置方式。例如，可以将每 6 个电池归为一个小组，每个小组搭配一片 LTC3300，能实现能量在相邻的两个小组之间的转移；又如，可以将"双向"变压器换为"单向"，只允许能量从初级线圈向次级线圈转移，次级线圈不再与整个电池包相连，而是与电动汽车上的"12V 电源"（通常是一个 12V 的铅酸电池）相连。可见，LTC3300 具有非常高的灵活性。限于篇幅，此处不进行一一叙述，将来笔者可能考虑将一些典型的电路配置放到与本书相配合的博客（sysubms. blog. 163. com）之中，请读者留意。

5.4 非耗散型均衡电路的测试

上一节介绍了以 LTC3300 芯片为核心的均衡控制电路，本节将详细介绍对该均衡电路的测试。主要目的有两个：第一，验证基于 LTC3300 均衡电路的效率及有效性；第二，通过对该均衡电路的测试来介绍对于均衡控制电路的测试方法以及评价体系。

5.4.1 测试目的与测试方案

1. 测试目的

4年前,当笔者最早开始研究新型的均衡电路时,一直苦于两个问题:第一,如何评价一个均衡方案是否可行,即要建立对均衡电路的评价体系的问题;第二,尽管建立了评价体系,但如何实施具体的测试步骤。如果不能对某一个均衡方案进行客观、有效的评测,那么就无法判断所开发的新型均衡方案是否可行,或者是否比原有的方案更优。

前面的5.2.3小节已经对评价体系的问题进行了讨论。为了评价某一个均衡方案的优劣,我们可以统计其时间消耗以及能量损耗。对于基于LTC3300芯片的基本方案,我们需要着重回答以下问题:

(1) 时间消耗及能量损耗是否与电池的拓扑位置相关?
(2) 时间消耗及能量损耗是否与电池初始的SoC相关?
(3) 时间消耗及能量损耗是否与电池的品牌、型号相关?
(4) 时间消耗及能量损耗是否与电池的总数相关?

为了回答以上问题,我们需要在测试过程中,在保持其他条件不变的情况下,单独改变某一个测试参数,以得到所需的定量数据,辅助能耗建模的工作。

然而,要遍历各种条件的排列组合是不现实的,因此,在测试过程中只能选取比较有代表性的条件来开展工作。以下我们来具体讨论几个细节问题。

2. 关于测试中若干细节问题的讨论

(1) 测试平台的构建。

基于上面5.3.2小节介绍的方案,我们构建了一块基于2片LTC3300的均衡控制电路板。该电路板最多可以对12个串联的电池进行均衡控制,因为需要满足最低的电压要求,该电路板最少需要连接4个串联的电池。

(2) 串联电池数量的选择。

尽管我们的电路板支持12路串联电池,但在本章后面所进行的测试中,我们更多地选用了4个或者6个电池进行测试。这个主要是为了节约测试的时间。因为从后面的测试步骤可知,电荷转移前后剩余电量的评测,主要是依赖电荷计量法,如果参与测试的串联电池个数太多,则需要大量的测试时间。

在下一节中,我们谈到仿真分析时,为了检验仿真程序的有效性,我们将给出12个电池串联的测试数据,与仿真结果相比较。

(3) 电池品牌、型号的选择。

选择电池品牌、型号的依据,主要有两个原则:

第一,在不同的测试中,所选择的电池品牌、型号应具有一定的差异性,以便从不同角度验证是否具有相同的规律;

第二,对于同一品牌、同一型号的电池,要求所选的电池具有良好的一致性,即各个电池的容量、内阻谱一致，具有可比性。

因此，我们选用了两款来自不同厂家、不同标称容量的电池：A品牌5Ah的软包电池，B品牌15Ah的铝壳电池；以便验证某些规律是否对不同品牌、不同容量、不同类型的电池都成立。

（4）电荷的转出、转入方向。

尽管LTC3300提供了多种较为灵活的电荷转移拓扑结构，核心的操作是以下两种：

第一，能量从某个电池中放出，补充到整个串联的电池组之中；

第二，能量从整个电池组中放出，补充到某个具体的电池之中。

而其余的操作模式，都可以视为是以上两种核心操作的组合。例如，如果要把电池组内的两个电池A、B的电荷转移给另外两个电池C、D，就相当于分解为以下操作：

a）能量从电池A放出，补充到整个串联的电池组之中；

b）能量从电池B放出，补充到整个串联的电池组之中；

c）能量从整个电池组中放出，补充到电池C中；

d）能量从整个电池组中放出，补充到电池D中。

因此，在本节的测试过程中，我们只对两种核心操作进行测试，即测试电荷从单个电池转移给整个电池组操作的时间效率和能量效率，以及电荷由整个电池组中转给单个电池的时间效率和能量效率。

（5）如何确定初始及结束的荷电状态？

在测试过程中，电量的计量精度是一个非常关键的指标，该指标将直接决定测试结果的准确度。为了计量电池中所荷带的剩余电量，需要计量对每一个电池的充、放电的累计电量。

一般地，为了得到精确的计量值，需要对电池电荷进行"滴定法"计量。然而，滴定法需要占用很长的测试时间。在本章的测试中，我们使用较为精密的计量仪器，在干燥、恒温的试验箱内，用相对较小的电流对电池进行充、放电，以得到较为精确的数值。

（6）如何计算能量

为了计算能量的效率，必须较为准确地统计测试过程中各个环节的能量消耗数值，这可以分为两种情况：

第一，为了计算电池中所荷带的能量，可以结合已测定电池的荷电状态（SoC），以及相应于该SoC的电动势来进行换算，因为电动势与电量的乘积就是电池中所荷带的能量。

第二，为了测定转移过程中，电路板、导线的能耗，可以通过测量工作电流以及导线两端的电压，通过 $P(t) = U(t) \cdot I(t)$ 的关系来获取瞬时功率，进而通过功率对时间的积分来统计能耗。

3. 具体的测试步骤

在每个试验中,具体的测试步骤如下:

(1) 控制测试的环境温度为室温,即 T = 25℃,并在测试过程中,使被测电池周围的环境温度保持恒定。

(2) 人为设置电池组各个电池初始的 SoC 状态,可以通过以下步骤实现:

a) 对电池进行放空。

利用较小的电流对电池进行放电,使电池的剩余电量为零。关于如何对电池进行放空,可参考《电动汽车动力电池管理系统设计》一书的 4.1.3 节;在本章的实验中,采用的是磷酸铁锂动力电池作为测试样本,放空的截止电压为 2.2V,截止电流设为 0.02C。

b) 根据需要,将各个被测电池充至所需要的荷电状态。

为了得到合适的动力电池初始状态,需要对电池分别进行充电。本来,最理想的充电方式应该是电荷滴定的方式,即用非常微小的电流来充电。然而,为了节约测试的时间,本章采用的充电电流为 0.3C。

(3) 根据一定的设定策略对电荷进行转移。

这一工作的要点是根据测试的需要安排电荷从某些电池转移到指定的其他电池中去,可以是以下 2 种情况之一:

a) 电池组内的某一个电池释放电荷,对整个电池组进行充电;

b) 整个电池组放电,对电池组内的某一个电池进行充电。

(4) 对转移后各个电池的荷电状态进行统计。

其方法为同样是利用较小的电流对电池进行放电,使电池的剩余电量为零。在本章的实验中,采用的是磷酸铁锂动力电池作为测试样本,放空的截止电压为 2.2V,截止电流设为 0.02C,即与前面第 (2) 步的放空方法相同。

5.4.2 具体的测试及结果分析

1. 十六组测试实验的安排

表 5 - 1　十六组测试实验的安排

生产厂家及标称容量	电池个数	具体策略	初始 SOC	
			0.5	0.8
A 厂家 5Ah	四	#1 转给全部	实验 1	
	四	全部转给#1	实验 2	
	四	#3 转给全部	实验 3	
	四	全部转给#3	实验 4	
	四	#1 转给全部		实验 5

续表

生产厂家及标称容量	电池个数	具体策略	初始SOC 0.5	初始SOC 0.8
A厂家 5Ah	四	全部转给#1		实验6
	六	#1转给全部	实验7	
	六	全部转给#1	实验8	
B厂家 15Ah	四	#1转给全部	实验9	
	四	全部转给#1	实验10	
	四	#3转给全部	实验11	
	四	全部转给#3	实验12	
	四	#1转给全部		实验13
	四	全部转给#1		实验14
	六	#1转给全部	实验15	
	六	全部转给#1	实验16	

2. 实验测试数据

各个实验的测试结果以表格的形式分别描述如下。

(1) 实验1

表5-2

电池编号	A1	A2	A3	A4
转移前的剩余电量（mAh）	2500.9	2498.8	2498.7	2503.4
转移后的剩余电量（mAh）	1748.8	2706.7	2700.1	2703.7
电量增加值（mAh）	-752.1	207.9	201.4	200.3
转移的电荷效率（η_2）		0.8105		
转移的电荷效率（η_3）		0.8508		
转移的能量效率		0.8571		

第五章 非耗散型（ACTIVE BALANCE）的电池均衡技术

（2）实验2

表 5-3

电池编号	A1	A2	A3	A4
转移前的剩余电量（mAh）	2500.9	2498.8	2498.7	2503.4
转移后的剩余电量（mAh）	2848.4	2354.1	2352.3	2356.1
电量增加值（mAh）	347.5	-144.7	-146.4	-147.3
转移的电荷效率（η_2）		0.7927		
转移的电荷效率（η_3）		0.8445		
转移的能量效率		0.8495		

（3）实验3

表 5-4

电池编号	A1	A2	A3	A4
转移前的剩余电量（mAh）	2500.7	2498.8	2498.7	2503.4
转移后的剩余电量（mAh）	2700.1	2703.6	1751.6	2703.9
电量增加值（mAh）	199.4	204.8	-747.1	200.5
转移的电荷效率（η_2）		0.8094		
转移的电荷效率（η_3）		0.8499		
转移的能量效率		0.8561		

（4）实验4

表 5-5

电池编号	A1	A2	A3	A4
转移前的剩余电量（mAh）	2500.8	2498.8	2498.8	2503.4
转移后的剩余电量（mAh）	2356.6	2353.2	2846.5	2353.9
电量增加值（mAh）	-144.2	-145.6	347.7	-149.5
转移的电荷效率（η_2）		0.7915		
转移的电荷效率（η_3）		0.8436		
转移的能量效率		0.8487		

(5) 实验 5

表 5-6

电池编号	A1	A2	A3	A4
转移前的剩余电量（mAh）	4001.4	3998	3998	4002.4
转移后的剩余电量（mAh）	3250.4	4204.4	4197.1	4200.1
电量增加值（mAh）	-751.0	206.4	199.1	197.7
转移的电荷效率（η_2）			0.8032	
转移的电荷效率（η_3）			0.8448	
转移的能量效率			0.8542	

(6) 实验 6

表 5-7

电池编号	A1	A2	A3	A4
转移前的剩余电量（mAh）	4001.4	3998.1	3998	4002.4
转移后的剩余电量（mAh）	4346.2	3851.2	3854.7	3854.5
电量增加值（mAh）	344.8	-146.9	-143.3	-147.9
转移的电荷效率（η_2）			0.7870	
转移的电荷效率（η_3）			0.8403	
转移的能量效率			0.8478	

(7) 实验 7

表 5-8

电池编号	A1	A2	A3	A4	A5	A6
转移前的剩余电量（mAh）	2500.8	2498.8	2498.7	2503.4	2500.9	2503.4
转移后的剩余电量（mAh）	1637.4	2645	2639.5	2648.4	2642.2	2645.9
电量增加值（mAh）	-863.4	146.2	140.8	145.0	141.3	142.5
转移的电荷效率（η_2）				0.8290		
转移的电荷效率（η_3）				0.8534		
转移的能量效率				0.8591		

第五章 非耗散型（ACTIVE BALANCE）的电池均衡技术

（8）实验 8

表 5-9

电池编号	A1	A2	A3	A4	A5	A6
转移前的剩余电量（mAh）	2500.9	2498.9	2498.7	2503.4	2500.8	2503.4
转移后的剩余电量（mAh）	3203.5	2330.7	2324.1	2331.8	2326.7	2331.2
电量增加值（mAh）	702.6	-168.2	-174.6	-171.6	-174.1	-172.2
转移的电荷效率（η_2）			0.8163			
转移的电荷效率（η_3）			0.8469			
转移的能量效率			0.8524			

（9）实验 9

表 5-10

电池编号	B1	B2	B3	B4
转移前的剩余电量（mAh）	7497.3	7494.6	7499.4	7500.1
转移后的剩余电量（mAh）	5205.6	8127.8	8120.8	8127.3
电量增加值（mAh）	-2291.7	633.2	621.4	627.2
转移的电荷效率（η_2）		0.8211		
转移的电荷效率（η_3）		0.8596		
转移的能量效率		0.8647		

（10）实验 10

表 5-11

电池编号	B1	B2	B3	B4
转移前的剩余电量（mAh）	7497.2	7494.6	7499.3	7500.1
转移后的剩余电量（mAh）	8545.2	7065.1	7061.5	7065.6
电量增加值（mAh）	1048.0	-429.5	-437.8	-434.5
转移的电荷效率（η_2）		0.8050		
转移的电荷效率（η_3）		0.8538		
转移的能量效率		0.8587		

(11) 实验 11

表 5–12

电池编号	B1	B2	B3	B4
转移前的剩余电量（mAh）	7497.3	7494.6	7499.5	7500.1
转移后的剩余电量（mAh）	8116.2	8123.4	5208.4	8130
电量增加值（mAh）	618.9	628.8	−2291.1	629.9
转移的电荷效率（η_2）			0.8195	
转移的电荷效率（η_3）			0.8582	
转移的能量效率			0.8634	

(12) 实验 12

表 5–13

电池编号	B1	B2	B3	B4
转移前的剩余电量（mAh）	7497.3	7494.6	7499.4	7500.1
转移后的剩余电量（mAh）	7060.2	7066.4	8545.5	7064.1
电量增加值（mAh）	−437.1	−428.2	1046.1	−436
转移的电荷效率（η_2）			0.8039	
转移的电荷效率（η_3）			0.8529	
转移的能量效率			0.8578	

(13) 实验 13

表 5–14

电池编号	B1	B2	B3	B4
转移前的剩余电量（mAh）	11998.4	11997.1	11999	11999.9
转移后的剩余电量（mAh）	9694.6	12624.9	12620.3	12626.1
电量增加值（mAh）	−2303.8	627.8	621.3	626.2
转移的电荷效率（η_2）			0.8140	
转移的电荷效率（η_3）			0.8537	
转移的能量效率			0.8616	

（14）实验 14

表 5-15

电池编号	B1	B2	B3	B4
转移前的剩余电量（mAh）	11998.1	11997.6	11999.4	11999.4
转移后的剩余电量（mAh）	13047.9	11557.7	11557.3	11565.5
电量增加值（mAh）	1049.8	-439.9	-442.1	-433.9
转移的电荷效率（η_2）		0.7978		
转移的电荷效率（η_3）		0.8483		
转移的能量效率		0.8553		

（15）实验 15

表 5-16

电池编号	B1	B2	B3	B4	B5	B6
转移前的剩余电量（mAh）	7497.4	7494.7	7499.5	7500.1	7499.5	7499.8
转移后的剩余电量（mAh）	4911.2	7922.5	7941.2	7936.4	7932.4	7931.1
电量增加值（mAh）	-2586.2	427.8	441.7	436.3	432.9	431.3
转移的电荷效率（η_2）			0.8391			
转移的电荷效率（η_3）			0.8622			
转移的能量效率			0.8680			

（16）实验 16

表 5-17

电池编号	B1	B2	B3	B4	B5	B6
转移前的剩余电量（mAh）	7497.4	7494.7	7499.5	7500.1	7499.5	7499.8
转移后的剩余电量（mAh）	9635.7	6975.2	6982.8	6984.8	6977.7	6988.6
电量增加值（mAh）	2138.3	-519.5	-516.7	-515.3	-521.8	-511.2
转移的电荷效率（η_2）			0.8274			
转移的电荷效率（η_3）			0.8561			
转移的能量效率			0.8617			

3. 测试结果分析

首先,需要对实验结果的表格进行以下说明:

第一,表格中的第一行"转移前的剩余电量",是通过对放空以后的电池进行充电而获得的,通过电流对时间的积分,较为精确地把转移前的电量控制在所希望的水平。

第二,转移后,为了检测电池剩余的电量,通过小电流把电池放空,通过放空过程中电流对时间的积分来统计"转移后的剩余电量",即表格的第二行。

第三,通过对比转移前后的电量差,计算出电量的增加值,即表格的第三行;其中符号为正代表电量增加(即转入电荷),负号代表电量减少(即转出电荷)。

第四,根据第三行的数据,把所有转入的电荷和转出的电荷分别累加起来,根据前面5.2.3小节η_2的定义,计算出电荷转移效率η_2,即为表格的第四行。

第五,根据前面5.2.3小节η_3的定义,计算出电荷转移效率η_3,即为表格的第五行;然而η_3的定义中,Q_1并不能通过直接测量得到,只能通过其他电池的平均值来推算。

第六,参照η_3的定义,计算出能量转移效率,即为表格的第六行;其中,转移的能量需要通过电池相应的电动势来进行折算,而不能通过直接测量得到Q_1所对应的能量,只能通过其他电池转入或者转出的平均值来推算。

通过以上16组的实验数据,大致可以得到以下规律:

(1)从数值大小来看,电荷效率η_3明显大于电荷效率η_2。相对于η_2,电荷效率η_3更接近能量效率,尽管如此,能量效率始终大于电荷效率。这样的数值大小规律,是由效率本身的定义决定的,与电路板的特性、电池的特性均无关系。

根据前面η_2与η_3的定义,有

$$\eta_3 - \eta_2 = \frac{Q_5 + Q_6 + Q_7 + Q_8}{Q_0} - \frac{Q_6 + Q_7 + Q_8}{Q_0 - Q_5}$$

$$= \frac{(Q_0 - Q_5)(Q_5 + Q_6 + Q_7 + Q_8) - Q_0(Q_6 + Q_7 + Q_8)}{Q_0(Q_0 - Q_5)}$$

$$= \frac{Q_0 Q_5 + Q_0(Q_6 + Q_7 + Q_8) - Q_5(Q_5 + Q_6 + Q_7 + Q_8) - Q_0(Q_6 + Q_7 + Q_8)}{Q_0(Q_0 - Q_5)}$$

$$= \frac{Q_5[Q_0 - (Q_5 + Q_6 + Q_7 + Q_8)]}{Q_0(Q_0 - Q_5)} \tag{5-6}$$

由于Q_5、$Q_0 - (Q_5 + Q_6 + Q_7 + Q_8)$、$Q_0$、$Q_0 - Q_5$均大于零,所以可得$\eta_3 - \eta_2 > 0$,即$\eta_3 > \eta_2$。

(2)根据"实验1与实验3的比较"、"实验2与实验4的比较"、"实验5与实验7的比较"、"实验6与实验8的比较"等,可以发现,转移效率与电池的拓扑位置基本无关。即在电池组内存在一个与其他电池不一致的电池,需要对其进行均衡操作时,均衡效率的高低与这个电池处于电池组的位置顺序无关。这一规律对

于指定均衡控制的策略具有重要的参考价值。

(3) 由于磷酸铁锂电池的内阻随着 SoC 变化相对较小,因此电池初始 SoC 状态为 0.5 或者 0.8,对电荷、能量效率影响不大。

(4) 一般同样材料的电池,容量大的电池型号会比容量小的电池内阻小,由于 15Ah 电池的内阻比 5Ah 电池的小,转移过程中在内阻上的消耗也较小,因此 15Ah 电池的转移效率要高于 5Ah 电池。

(5) 随着电池组内电池个数的增加,均衡效率逐步下降。可以看出,同样的实验,6 个电池所构成的电池组的均衡效率要低于 4 个电池所构成的电池组。如果电池组内电池的个数为 N,那么随着 N 的增加,效率会不断降低。

一个大致的推导过程如下。

第一,对于电荷从单个电池转给整个电池组的情况,假定从单个电池转出的电流为 $I_{出}$,那么转入整个电池组的电流近似为 $I_{出}/N$,于是有

$$\begin{aligned} W_{损} &= (I_{出} - \frac{I_{出}}{N})^2(R+r) + (\frac{I_{出}}{N})^2(R+r)(N-1) \\ &= I_{出}^2(R+r)\left[(\frac{N-1}{N})^2 + \frac{N-1}{N^2}\right] \\ &= \frac{I_{出}^2}{N^2}(R+r)\left[(N-1)^2 + N-1\right] \\ &= \frac{I_{出}^2}{N^2}(R+r)(N^2-N) \\ &= I_{出}^2(R+r)(1-\frac{1}{N}) \end{aligned} \tag{5-7}$$

由此可见当电池个数 N 增加时,能量损耗 $W_{损}$ 将增大,从而导致在同等条件下能量效率的降低。

第二,对于电荷从整个电池组转给单个电池的情况,大致可以看作为以上情况的逆过程,即 $I_{出}$ 的符号相反,但由于最后的能量损耗只是与 $I_{出}^2$ 相关,因此将得到相同的结论:即电池个数 N 增加时,能量损耗 $W_{损}$ 将增大,从而导致在同等条件下能量效率的降低。

第三,对于电荷从某一个电池转给另一个电池的情况,可以看作是以上第一、第二种情况的叠加,即电荷先从单个电池转给整个电池组,然后从整个电池组再转给另一个电池。根据前面两点的分析,能量损耗仍然会随着电池个数 N 的增加而增大。

5.5 非耗散型均衡电路的能耗建模与仿真分析

本节结合上节的测试结果,对基于 LTC3300 芯片的非耗散型均衡电路的能耗进行建模,并基于这个模型对均衡过程中的能量消耗进行仿真分析。通过这样的建

模分析可以发现,撇开被均衡电池的特性以及均衡的初始状态来探讨均衡效率是不科学的。这样的建模分析方法具有一定的通用性,可以推广到其他的非耗散型均衡方式的建模仿真中,甚至可以用于耗散型的仿真。

5.5.1 能耗建模

本小节以基于 LTC3300 的均衡控制电路为例,主要讨论如何对均衡控制电路进行能耗建模,主要解决两个问题:

第一,均衡控制的能量消耗主要来自于哪些环节。

第二,每个环节的能耗主要与哪些因素相关。

如图 5-18 所示,均衡控制电路板上的能量损耗(对应于图中的①,简称"板耗")、导线上的能量损耗(对应于图中的②,简称"线损")以及电池内部损耗(对应于图中的③,简称"电池内耗"),是均衡控制能量损耗的三个主要环节。以下分别对各个环节的损耗进行分析。

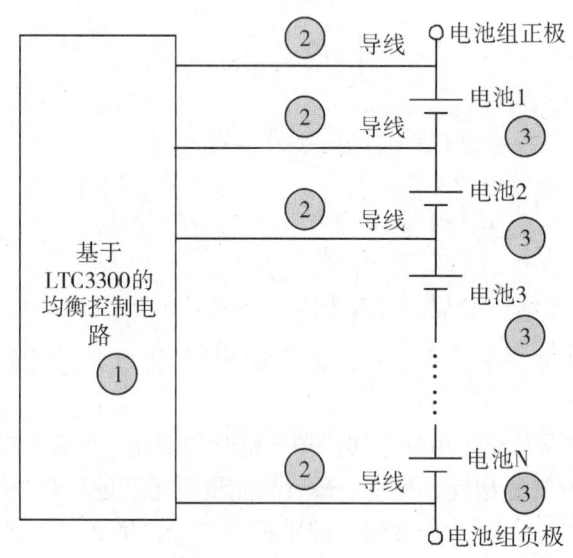

图 5-18　均衡控制的能量损耗分布

1. 板耗

板耗主要与均衡电路板上的元器件相关,当然也会部分受温度以及工作电流大小的影响。从 5.3.2 小节所介绍的均衡电路来看,电路板上的核心器件是高效率的变压器线圈。LTC3300 芯片通过产生控制信号,控制能量从线圈的一端耦合到线圈的另外一端,其间能量的损耗主要表现为变压器的损耗以及开关管的损耗。当然,这样的损耗与所选用的变压器以及开关管的器件质量有关。一般变压器的单步能量转移效率可以达 90% 以上。在 5.4 节的测试电路中,我们实测的转移效率介于

91%~92%区间。此外，为了检测单路的均衡电流，电路中在每个电池通道上采用了一个分流电阻，电阻上的能量损耗也与具体的工作电流相关。

2. 线损

在导线上的电能损耗往往被忽视。然而，在均衡电路中，由于能量的转移在同一条导线上持续、反复地进行，因此导线上的能量损耗会被累积，需要得到重视。

我们都知道，导线的内阻公式形如：

$$R = \frac{\rho \cdot L}{S} \tag{5-8}$$

其中 ρ 为导线的电阻率，与导线的材料以及温度相关，L 是导线的长度，S 为导线的横截面积。

在一个具体的均衡电路中，假定单个通道的导线长度等效为 1m（设电路板与电池的距离为 0.5m，正负极累计 1m），导线的横截面积为 $1mm^2$，铜线的电导率约为 $0.018\Omega \cdot mm^2/m$，则单通道的导线电阻为 0.018Ω，即 $18m\Omega$。

在某次均衡过程中，假定均衡电流为 3A，均衡持续时间为 t，那么导线上的损耗为

$$I^2 \cdot R \cdot t = 3^2 \times 0.018t = 0.162t \tag{5-9}$$

而从电池转移的能量为

$$U \cdot I \cdot t = 3.2 \times 3t = 9.6t \tag{5-10}$$

其中，U 取磷酸铁锂电池的平台电压，即 3.2V。两式相比，有

$$\frac{I^2 \cdot R \cdot t}{U \cdot I \cdot t} = \frac{I \cdot R}{U} = \frac{0.162}{9.6} = 0.016875 \tag{5-11}$$

即在 3A 的工作电流下，线损占单路电池能量转移的 1.7% 左右。并且，从式子中可见该能量损耗率正比于工作电流 I，即如果工作电流减小，则能量损耗将成比例减小。

然而，还要注意的是，以上是单通道线损的测算。既然能量从某一些电池转出，必然会转入到另外一些电池中去，因此，线损往往是多路叠加计算的。假设电能是从某个电池中以 3A 的电流转移到另外一个电池中去，按照上述计算方法，一进一出总的线损是 3.4%。

3. 电池内耗

电池的内耗与电池本身的特性、温度、工作电流等因素有关。为了给读者一些定量的认识，我们给出以下的案例：

在常温下，一个 10Ah 的磷酸铁锂电池的内阻为 $18m\Omega$ 左右，如果工作电流为 3A，那么类比于上述的式子（5-11），可知能量损耗率大约在 1%~2% 的区间，并且该能量损耗率正比于工作电流 I，即如果工作电流减小，则能量损耗将成比例减小。

以上是单个电池的内耗测算，实际上，由于参与能量转移的电池数量必然是大

于等于 2 个，因此总的电池内耗是多个电池的叠加。

综上所述，我们可以得出初步的感性认识：在基于 LTC3300 的均衡控制过程中，板耗大概为 10%，线损介于 1%～3%，电池内耗介于 1%～3%，因此，一般总的能量效率介于 84%～90%。而可变的因素包括被管理电池的内阻特性、环境温度、工作电流的大小以及参与均衡的电池数量等。

5.5.2 仿真分析

基于前面的分析，本小节将讨论如何对均衡过程及其能耗进行仿真分析。通过仿真计算，能对各种可能的电池均衡策略进行比较，不但节约了硬件成本，而且缩短了验证的周期，节约了开发时间。

在整个仿真分析过程中，单步能耗仿真计算模型最为关键，因为如果搞清楚了单步仿真的能耗，那么整个均衡过程中的能耗情况、能量效率就可以通过每个单步的累加得到。

1. 单步能耗仿真计算模型

单步能耗的仿真计算模型如图 5-19 所示。说明如下：

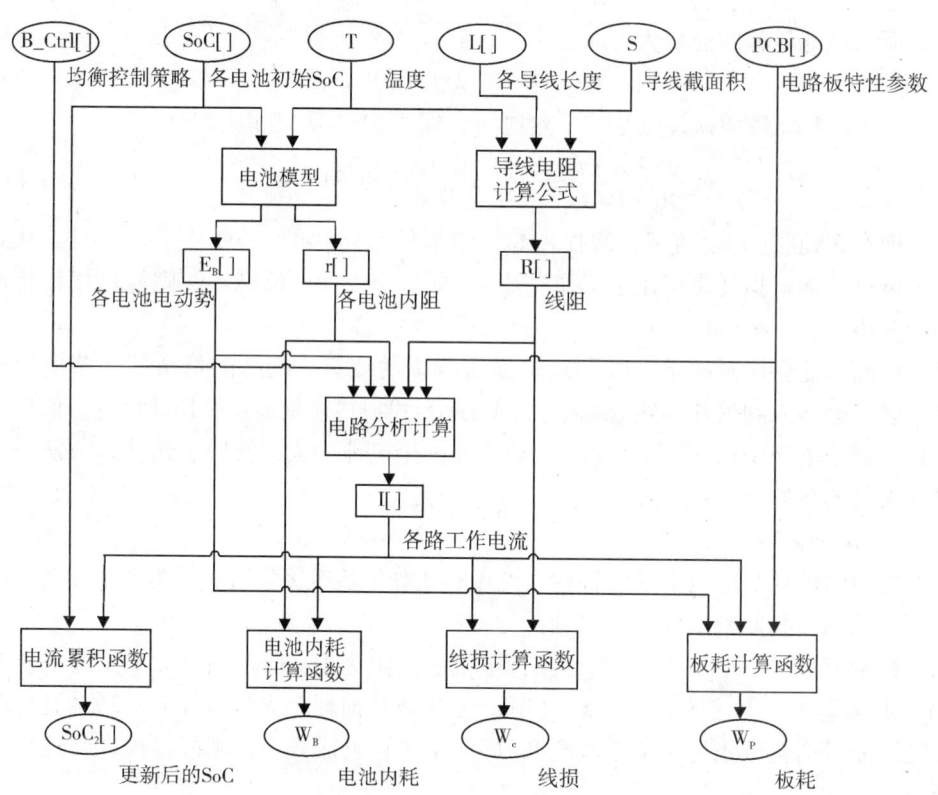

图 5-19 单步能量转移的能耗模型

(1) 模型参照了 MATLAB/Simulink 的风格。其中，带注释的椭圆框表示单步仿真过程的输入量和输出量，带注释的矩形框表示计算过程的中间变量，带阴影的方框表示处理函数。

(2) 图中，带方括号的变量表示数组。

(3) 实际上，在计算能量损耗、SoC 更新的时候应该考虑每步的时间间隔，然而，为了简洁起见，图中略去了这个时间参数，即缺省步长为 1 秒。读者如果需要更加高分辨率的仿真结果，可以自行增加该步长参数。

2. 仿真程序的验证

为了验证以上的单步模型，可以设计一个电池组的均衡实验，将仿真的结果与实际测试的结果进行比对，从而验证仿真程序的有效性。

(1) 以上 16 组测试的仿真

在 5.4 节中，我们设计了 16 组均衡实验，分别得到了各组的测试数据。我们以本节的单步模型为基础，对以上 16 组均衡实验进行仿真，把仿真的结果与实验结果相比较，得到下面表 5-18。

表 5-18

实验组	转移的电荷效率（η_2）		转移的电荷效率（η_3）		转移的能量效率	
	实测值	仿真值	实测值	仿真值	实测值	仿真值
实验 1	0.8105	0.8006	0.8508	0.8426	0.8571	0.8489
实验 2	0.7927	0.7828	0.8445	0.8371	0.8495	0.8459
实验 3	0.8094	0.8006	0.8499	0.8426	0.8561	0.8489
实验 4	0.7915	0.7828	0.8436	0.8371	0.8487	0.8459
实验 5	0.8032	0.7995	0.8448	0.8417	0.8542	0.8499
实验 6	0.7870	0.7819	0.8403	0.8364	0.8478	0.8455
实验 7	0.8110	0.8145	0.8373	0.8405	0.8445	0.8471
实验 8	0.8025	0.7958	0.8354	0.8298	0.8411	0.8401
实验 9	0.8081	0.8067	0.8488	0.8476	0.8551	0.8530
实验 10	0.8050	0.7857	0.8538	0.8393	0.849	0.8479
实验 11	0.8039	0.8067	0.8454	0.8476	0.8504	0.8530
实验 12	0.8039	0.7857	0.8529	0.8393	0.8482	0.8479
实验 13	0.8053	0.8060	0.8465	0.8471	0.8544	0.8534
实验 14	0.7978	0.7849	0.8483	0.8386	0.8427	0.8477
实验 15	0.8197	0.8210	0.8451	0.8462	0.8508	0.8516
实验 16	0.8072	0.8002	0.8393	0.8335	0.8447	0.8435

从表 5-18 中的结果来看，仿真的结果基本与实际测试的数据相符，能反映出均衡控制的规律。例如：η_3 明显地大于 η_2；η_3 更接近能量效率；能量效率始终大于电量效率；放电效率比充电效率高；0.5SoC 与 0.8SoC 效率无固定关系；不同位置效率相等；15Ah 电池组的均衡效率比 5Ah 电池组的均衡效率高。

（2）12 个电池均衡过程的仿真

前面将仿真结果与 16 组实验测试数据进行了比较，而为了节约测试时间，该 16 组实验中每个电池组的样本个数均为四个或者六个。为进一步验证能耗模型的有效性，我们另外设计了一个实验。实验中，均衡操作的步骤及硬件条件与前面 16 组实验基本一致。所不同的是电池的数量。

选取 A 厂家 5Ah 电池 12 个、B 厂家 15Ah 电池 12 个，分别组成电池组，然后人为地设定电池的初始容量，经过一段时间的均衡操作后，评价各个电池的剩余电荷、电荷转移效率及能量效率等。

所进行的电池实验如下表所示。

表 5-19

生产厂家及标称容量	具体策略	初始 SOC	
		0.5	0.8
A 厂家 5Ah	#1 转给全部	实验 17	
	全部转给#1	实验 18	
	#1 转给全部		实验 19
	全部转给#1		实验 20
B 厂家 15Ah	#1 转给全部	实验 21	
	全部转给#1	实验 22	
	#1 转给全部		实验 23
	全部转给#1		实验 24

注：实验电池组内电池的个数为 12，编号从"实验 17"开始，与之前的 16 组实验相对应。

仿真的结果与实验测试的结果如下表所示。

第五章 非耗散型（ACTIVE BALANCE）的电池均衡技术

表 5-20

实验组	转移的电荷效率（η_2）		转移的电荷效率（η_3）		转移的能量效率	
	实测值	仿真值	实测值	仿真值	实测值	仿真值
实验 17	0.8206	0.8264	0.8331	0.8419	0.8453	0.8492
实验 18	0.7938	0.7982	0.8110	0.8152	0.8229	0.8255
实验 19	0.8197	0.8272	0.8322	0.8333	0.8471	0.8568
实验 20	0.7933	0.7965	0.8106	0.8203	0.8203	0.8293
实验 21	0.8276	0.8280	0.8396	0.8491	0.8502	0.8530
实验 22	0.7977	0.8055	0.8145	0.8223	0.8320	0.8383
实验 23	0.8272	0.8273	0.8393	0.8488	0.8510	0.8526
实验 24	0.8019	0.8081	0.8184	0.8255	0.8280	0.8284

从表格的结果可以分析，以上所提出的单步能耗模型是基本可行的。

另外，根据这一测试，验证了之前发现的一个规律，即对于同一个均衡控制电路来说，随着电池组内电池个数 N 的增大，单步能耗增大，整个均衡过程的总体能量的消耗增大。

第六章 展 望

事实上，在本书规划的时候，还有许多的工作，希望能写进书中，无奈笔者本人的时间有限，暂时无暇兼顾。在此列举一些未及整理出来的题目，希望在不久的将来，以网页的形式或者以另一本专著的形式与大家分享。

1. 电池管理系统的低功耗技术

一般电池管理系统都是依赖于被管理的电池组供电的，"低功耗"的问题不容忽视。原因在以下两个方面：

第一，电池组的实际工作效率等于电池组的实际输出能量除以电池组荷带的总能量，在电池荷电能力有限的前提下，如果电池管理系统消耗的能量过多，则电池组的工作效率就低，实际输出能量就少。

第二，尽管电池管理系统一般功耗都不大，子板的功耗一般都在 mW 级别，但这样的能耗积少成多，一旦不注意的话，就可能在电池组闲置的过程中造成过放。例如某电池管理系统的子板管理 12 个磷酸铁锂电池，工作电压为 39.6V（3.3×12），子板平均功耗为 30mW，如果在电池组闲置时持续工作 1 个月，则所耗掉的能量是 77760 焦耳（30/1000 * 3600 * 24 * 30），合计 0.55Ah（77760/39.6/3600），如果电池组闲置时间为一年，则耗掉相当于 6.54Ah 的能量。一般为了运输安全以及为了提高电池的储存寿命，电芯出厂时荷带的能量都不是 100%。可见如果不对 BMS 加上低功耗设施，有可能在储存、运输过程中就会造成电池中的能量被耗光的情况。

2. 电池管理系统的热管理技术

热管理是一个边缘的领域，在电动汽车技术体系中，它既可以归到整车管理也可以归到电池管理的范畴；本人比较赞成将其纳入电池管理的范畴，因为电池管理系统更加清楚"热"对电池的影响。一般电池组的热管理包括了电池热特性的测试与建模、电池包热力学仿真、电池包的热管理策略等内容。电池的热管理对确保电池组的安全、提高电池组的寿命都有重要的意义。

3. 电池组的优化充电控制

充电过程中充电机是否应该受 BMS 的控制？电池组能不能进行快充？为什么有人说"很多电池是被充坏，而不是被用坏的"？怎么样能在不减损电池寿命的前提下，对电池的充电进行控制？关于优化充电的疑问还有很多。

以上一系列的问题，都是 BMS 的研究者需要回答的。要制订充电控制策略，首先要制定优化控制的目标函数；例如：选择最快的充电速度，还是使充电完成以后电池荷带的电量最多，等等。其次，就是制订优化充电控制策略的问题；例如：

要搞清楚控制策略的输入条件有哪些,是否需要把环境温度作为控制变量,是否进行均衡,均衡控制的时机如何选择,等等。

4. 电池成组技术

电池成组以后,在与其他系统协同工作时要加入一些具体的应用技术。这些技术包括:

(1) 电池包的高压安全检测技术。例如:在电动汽车中,高压漏电可能威胁着车上人员的安全,因此在电池成组以后,应该在电池管理系统中加入高压安全监测电路,一旦监测到有漏电风险,就应该通知整车控制器采取合理的应对措施,避免对人车造成伤害。

(2) 电池预充电电路。例如:在电动汽车中,电池组都是与电机控制器相连的,电机控制器的输入端往往配置有大电容,由于大电容的存在,在电机上电的瞬间可能会造成较大的脉冲电流,冒出火花,而在电机断电的瞬间可能会造成电机控制器局部高压带电,存在隐患。这些都需要用预充电电路技术来解决。预充电技术包括:电路仿真、器件选型、预充电控制策略制订等,是电动汽车技术体系中不可缺少的环节。

5. 电池的诊断技术

电池的诊断技术,是近年来逐渐被重视的一项深度技术,它要求电池管理系统非常了解电池的特性,能在电池工作或者闲置的时候判定电池是否已经失效或者存在着将要失效的风险。此外,先进的电池诊断技术还包括如何衡量电池包内电池的一致性,电池组自激活、自修复等一些附加的功能。

笔者将就以上问题继续开展研究,有兴趣的读者可留意本书"前言"中所提到的个人博客。

参考文献

[1] 谭晓军. 电动汽车动力电池管理系统设计 [M]. 广州: 中山大学出版社, 2011.

[2] Andrea D. Battery management systems: for large lithium-ion battery packs. Artechhouse, 2010.

[3] Plett G L. Extended Kalman filtering for battery management systems of LiPB-based HEV battery packs: Part 1. Background [J]. Journal of Power Sources, 2004, 134: 252 – 261.

[4] Plett G L. Extended Kalman filtering for battery management systems of LiPB-based HEV battery packs: Part 2. Modeling and identification [J]. Journal of Power Sources, 2004, 134: 262 – 276.

[5] Plett G L. Extended Kalman filtering for battery management systems of LiPB-based HEV battery packs: Part 3. State and parameter estimation [J]. Journal of Power Sources, 2004, 134: 277 – 292.

[6] Plett G L. Sigma-point Kalman filtering for battery management systems of LiPB-based HEV battery packs: Part 1. Introduction and state estimation [J]. Journal of Power Sources, 2006, 161: 1356 – 1368.

[7] Plett G L. Sigma-point Kalman filtering for battery management systems of LiPB-based HEV battery packs: Part 2. Simultaneous state and parameter estimation [J]. Journal of Power Sources, 2006, 161: 1369 – 1384.

[8] He H W, Xiong R, Zhang X W, et al. State-of-Charge Estimation of the Lithium-Ion Battery Using an Adaptive Extended Kalman Filter Based on an Improved Thevenin Model [J]. Vehicular Technology, 2011, 60: 1461 – 1469.

[9] Windarko N A, Choi J and Chung G B. SOC Estimation of LiPB Batteries Using Extended Kalman Filter Based On High Accuracy Electrical Model [C]. 8th International Conference on Power Electronics. IEEE, 2011: 2015 – 2022.

[10] Grewal M S and Andrews A P. Kalman Filtering-Theory and Practice Using MATLAB [M]. New Jersey: John Wiley & Sons, Inc., 2008.

[11] Cheng K W E, Divakar B P, Wu H J, et al. Battery-Management System (BMS) and SOC Development for Electrical Vehicles [J]. Vehicular Technology, 2011, 60: 76 – 88.

[12] Chen Z H, Qiu S Q, Masrur M A, et al. Battery state of charge estimation based

on a combined model of Extended Kalman Filter and neural networks [C]. The 2011 International Joint Conference on Neural Networks. IEEE, 2011: 2156 – 2163.

[13] Charkhgard M and Farrokhi M. State-of-Charge Estimation for Lithium-Ion Batteries Using Neural Networks and EKF [J]. Industrial Electronics, 2010, 57: 4178 – 4187.

[14] Hu X S, Sun F C and Cheng X M. Recursive calibration for a lithium iron phosphate battery for electric vehicles using extended Kalman filtering [J]. Journal of Zhejiang University SCIENCE A, 2011, 12: 818 – 825.

[15] Kalman R E. A new approach to linear filtering and prediction problems [J]. Journal of basic Engineering, 1960, 82: 35 – 45.

[16] Barsoukov E, Kim J H, Yoon C O, et al. Universal battery parameterization to yield a non-linear equivalent circuit valid for battery simulation at arbitrary load [J]. Journal of Power Sources, 1999, 83: 61 – 70.

[17] Hu Y and Yurkovich S. Battery cell state-of-charge estimation using linear parameter varying system techniques [J]. Journal of Power Sources, 2012, 198: 338 – 350.

[18] Bhangu B S, Bentley P, Stone D A, et al. Nonlinear observers for predicting state-of-charge and state-of-health of lead-acid batteries for hybrid-electric vehicles [J]. Vehicular Technology, 2005, 54: 783 – 794.

[19] Lee J, Nam O and Cho B H. Li-ion battery SOC estimation method based on the reduced order extended Kalman filtering [J]. Journal of Power Sources, 2007, 174: 9 – 15.

[20] Hu C, Youn B D and Chung J. A multiscale framework with extended Kalman filter for lithium-ion battery SOC and capacity estimation [J]. Applied Energy, 2012, 92: 694 – 704.

[21] Sankarasubramanian S, Krishnamurthy B. A Capacity Fade Model for Lithium-ion Batteries Including Diffusion and Kinetics. ElectrochimicaActa, 2012, 70: 248 – 254.

[22] Ecker D, Gerschler J, Vogel J, et al. Development of a Lifetime Prediction Model for Lithium-ion Batteries Based on Extended Accelerated Aging Test Data. Journal of Power Sources, 2012, 215: 248 – 257.

[23] Kassem M, Bernard J, Revel R, et al. Calendar Aging of a Graphite/LiFePO4 Cell. Journal of Power Sources, 2012, 208: 296 – 305.

[24] Zhang Y, Wang C Y, and Tang X. Cycling Degradation of an Automotive LiFePO4 lithium-ion Battery. Journal of Power Sources, 2011, 196: 1513 – 1520.

[25] Honkura K, Takahashi K, and Horiba T. Capacity-fading Prediction of Lithium-ion Batteries Based on Discharge Curves Analysis. Journal of Power Sources, 2011, 196: 10141 – 10147.

[26] Amine J, Liu J, and BelharouakI. High-temperature Storage and Cycling of C-LiFePO4/Graphite Li-ion Cells. Electrochemistry Communications, 2005, 7: 669 – 673.

[27] Maccario M, Croguennec L, Cras F L, et al. Electrochemical Performances in Temperature for a C-containing LiFePO4 Composite Synthesized at High Temperature. Journal of Power Sources, 2008, 183: 411 – 417.

[28] Bloom I, Cole B W, Sohn J J, et al. An Accelerated Calendar and Cycle Life Study of Li-ion Cells. Journal of Power Sources, 2001, 101: 238 – 247.

[29] Thomas E V, Case H L, Doughty D H, et al. Accelerated Power Degradation of Li-ion Cells. Journal of Power Sources, 2003, 124: 254 – 260.

[30] Dubarry M, Truchot C, Liaw B Y, et al. Evaluation of Commercial Lithium-ion Cells Based on Composite Positive Electrode for Plug-in Hybrid Electric Vehicle Applications. Part II. Degradation Mechanism under 2C Cycle Aging. Journal of Power Sources, 2011, 196: 10336 – 10343.

[31] Belta J, Utgikarb V, and BloomI. " Calendar and PHEV Cycle Life Aging of High-energy, Lithium-ion Cells Containing.

[32] blended spinel and layered-oxide cathodes" Journal of Power Sources, 2011, 196: 10213 – 10221.

[33] K? bitz S, Gerschler J B, Ecker M, et al. Cycle and Calendar Life Study of a Graphite LiNi1/3Mn1/3Co1/3O2 Li-ion High Energy System. Part A: Full Cell Characterization. . Journal of Power Sources, 2013, 239: 572 – 583.

[34] Barré A, Deguilhem B, Grolleau S, et al. A Review on Lithium-ion Battery Ageing Mechanisms and Estimations for Automotive Applications. Journal of Power Sources, 2013, 241: 680 – 689.

[35] Kjell M H, Malmgren S, Ciosek K, et al. Comparing Aging of Graphite/LiFePO4 Cells at 22℃ and 55 ℃ – Electrochemical and Photoelectron Spectroscopy Studies. Journal of Power Sources, 2013, 243: 290 – 298

[36] Waag W, Käbitz S, and Sauer D U. Experimental Investigation of the Lithium-ion Battery Impedance Characteristic at Various Conditions and Aging States and Its Influence on the ApplicationApplied Energy, 2013: 102: 885 – 897

[37] DOE/ID-10597 Rev. 3 – 2001, PNGV Battery Manual. [S]

[38] Methekar R N, Northrop P W C, Chen K. Kinetic Monte Carlo Simulation of Surface Heterogeneity in Graphite Anodes for Lithium-Ion Batteries: Passive Layer For-

mation. Journal of The Electrochemical Society, 2011, 158 (4) A363 – A370.

[39] Ramasamy R P, White R E, and Popov B N. Calendar Life Performance of Pouch Lithium-ion CellsJournal of Power Sources, 2005, 141: 298 – 306

[40] Koltypin M, Aurbach D, Nazar L, et al. More on The Performance of LiFePO4 Electrodes—The effect of synthesis route, solution composition, aging, and temperature. Journal of Power Sources, 2007, 174: 1241 – 1250

[41] Wang J, Liu P, Hicks-Garner J, et al. Cycle-life model for graphite-LiFePO4 cellsJournal of Power Sources, 2011, 196: 3942 – 3948

[42] Arora P, White R E, and Doyle M. Capacity Fade Mechanisms and Side Reactions in Lithium - Ion BatteriesJ. Electrochem. Soc. 1998, 145 (10): 3647 – 3667.

[43] Bashash S, Moura S J, Forman J C, et al. Plug-in hybrid electric vehicle charge pattern optimization for energy cost and battery longevity. Journal of Power Sources, 2011, 196: 541 – 549

[44] Liu P, Wang J, Hicks-Garner J, et al. Aging Mechanisms of LiFePO4 Batteries Deduced by Electrochemical and Structural Analyses. J. Electrochem. Soc., 2010, 157 (4): A499 – A507

[45] Peterson S B, Apt J, and Whitacre J F. Lithium-ion battery cell degradation resulting from realistic vehicle and vehicle-to-grid utilizationJournal of Power Sources, 2010, 195 (8), 2385 – 2392

[46] Asakura K, Shimomura M, and Shodai T. Study of life evaluation methods for Li-ion batteries for backup applicationsJournal of Power Sources, 2003, 119 – 121: 902 – 905

[47] K? tz R, Ruch P W, and Cericola D. Aging and failure mode of electrochemical double layer capacitors during accelerated constant load tests. Journal of Power Sources, 2010, 195 (3), 923 – 928.

[48] Ramadass P, Haran B, Gomadam P M, et al. Development of First Principles Capacity Fade Model for Li-Ion Cells. J. Electrochem. Soc. 2004, 151 (2): A196 – A203.

[49] Christensen J, and Newman J. A Mathematical Model of Stress Generation and Fracture in Lithium Manganese OxideJ. Electrochem. Soc. 2006, 153 (6): A1019 – A1030

[50] Dai H F, Wei X Z, and Sun Z C. A New SOH Prediction Concept for the Power Lithium-ion Battery Used on HEVs. Vehicle Power and Propulsion Conference, 2009. VPPC 09. IEEE.

[51] Ramadass P, Haran B, White R, et al. Mathematical modeling of the capacity fade of Li-ion cells. Journal of Power Sources 123 (2003) 230 – 240.

[52] Liaw B, Jungst R, Nagasubramanian G, et al. Modeling capacity fade in lithium-ion cells [J]. Journal of Power Sources 140 (2005) 157 - 161.

[53] Kutkut N H, Wiegman H L N, Divan D M, et al. Design Considerations for Charge Equalization of an Electric Vehicle Battery System [J]. Industry Applications, 1999, 35 (1): 28 - 35.

[54] Park H S, Kim C E, Kim C H, et al. A Modularized Charge Equalizer for an HEV Lithium-Ion Battery String [J]. Industrial Electronics, 2009, 56 (5): 1464 - 1476.

[55] Kutkut N H and Divan D M. Dynamic equalization techniques for series battery stacks [C]. Telecommunications Energy Conference, 1996: 514 - 521.

[56] Moo C S, Hsieh Y C, Tsai I S, et al. Dynamic charge equalisation for series-connected batteries [J]. Electric Power Applications, 2003, 150 (5): 501 - 505.

[57] Lee Y S and Cheng G T. Quasi-Resonant Zero-Current-Switching Bidirectional Converter for Battery Equalization Applications [J]. Power Electronics, 2006, 21 (5): 1213 - 1224.

[58] Moore S W and Schneider P J. A Review of Cell Equalization Methods for Lithium Ion and Lithium Polymer Battery Systems [J]. SAE Publication, 2001: 01 - 0959.

[59] Lee Y S and Cheng M W. Intelligent Control Battery Equalization for Series Connected Lithium-Ion Battery Strings [J]. Industrial Electronics, 2005, 52 (5): 1297 - 1307.

[60] Li S, Mi C C and Zhang M. A High-Efficiency Active Battery-Balancing Circuit Using MultiwindingTransformer [J]. Industry Applications, 2013, 49 (1): 198 - 207.

[61] Lindemark B. Individual cell voltage equalizers (ICE) for reliable battery performance [C]. Telecommunications Energy Conference, 1991: 196 - 201.

[62] QC/T 743 - 2006, 电动汽车用锂离子蓄电池 [S].

[63] IEC 61982 - 3 - 2001, SECONDARY BATTERIESFOR THE PROPULSION OF ELECTRIC ROAD VEHICLES-Part 3: Performance and life testing (traffic compatible, urban use vehicles) [S].

[64] Zenati A, Desprez P, Razik H, et al. Estimation of the SOC and the SOH of li-ion batteries, by combining impedance measurements with the fuzzy logic inference [C]. IECON 2010: 1773 - 1778.

[65] Datasheet of LTC6804 (Linear Technology) [Z].

[66] Datasheet of LTC6820 (Linear Technology) [Z].

[67] Datasheet of LTC3300 (Linear Technology) [Z].